追忆·汉字
Reminiscence · Chinese Character

# 典藏

# 文明之光

## Glory of Classical Collections

中国艺术研究院 编
Chinese National Academy of Arts

文化艺术出版社
Culture and Art Publishing House

# 序言

唐克扬/文

文字是人类语言逐渐发展的产物，而中国汉字又是一种特别的文字。

一般说来，语言是比文字更广大的分类，它不依赖于物理的载体，也未见得仅系于书写和视觉，从洪荒伊始，古人类的群体中就存在着以原始语言沟通的可能，语言存在的历史要比文字长久得多。文字诉诸于记录工具和眼睛识别，和“听起来”相比，“看上去”似乎只能是个后来者，可是它一旦登上历史的舞台，就显现出了强大的魅力和非同寻常的意义。

中国汉字更是一种奇妙的发明，这样特别的“文字”可能同时具有三种属性：描述，唤起，表现。首先，对于日常使用而言它是一种描述性的符号，就好象任何语言中的“水”都会引起读者特定的联想，给予一定的上下文，这样的符号将会担当起社会沟通的使命；回到语言的源头去，相当一部分的汉字又是通情达意的“图解”，比如，作为象形文字的“水”便有着“栩栩如生”的特性；最终，书写汉字的技艺相当复杂微妙——“水流云在”——书法的门径既在于熟能生巧中，书法的魅力又不妨得心应手，于是，汉字成了一种超越简单表达而直抒胸臆的媒材——文字书写成为一个文明的最高艺术门类，这在世界历史上如不是绝无仅有，大概也是难能可贵了吧。

文字和人们常说的“语言”不同，“文”、“字”两者的意义也有着微妙的差别。在重要的文字学著作《说文解字序》中，著名的东汉学者许慎如此解释汉语“文”“字”的序列和演进：“仓颉之初作书，盖依类象形，故谓之文。其后形声相益，即谓之字。文者，物象之本；字者，言孳乳而浸多也。”在他看来，“文”反映了天地物象最朴茂的姿态，几乎是造化之功，和人智无关，而“字”作为文明的进阶产品只能是后来者，是“文”的演绎和嬗变——“文”心未易，而“字”体多变，同样是在《说文解字序》中，两千年前的许慎已经感叹说，“以迄五帝三王之世，改易殊体。封于泰山者七有二代，靡有同焉。”其实在作者的那个时代，文字流变的活剧只是刚拉开帷幕，两汉以下，汉字书体的转化还不知要迎来多少精彩的篇章。

与此同时，从具有特征性的书写工具而言，中国古代文字又可分为两个系统，一种是硬笔刻划，一种是软毫书写，“古未有书，先有契，契刻竹木以为识”（宋戴侗《六书故》）。此前人们普遍认为，作为后来者的毛笔长久统治着古代汉字书写的天下，可是，今天有证据表明，旧时其实存有大量的“硬笔书法”实例，敦煌石窟中的发现就非常可以说明问题，这增加了分析问题的复杂性，却无损于汉字文化的博大。回过头来说书写和载体的关系，一旦书史落于媒材便不能不考虑工具的特性，“书迹”的问题将和文字符号的物质化挂钩：从原刻、墨书到拓片、丛帖，一直不可避免地存在着某种信息“传移”的现象，二王手迹由最初珍贵的纸本转为石刻，又由拓片成为法帖，直至宋末元初誊印为副本，个体特出的手工转化为大规模且同质的抄送，类似的需求直接导致了印刷术的发明，成为中国古代文明对于世界的杰出贡献。

文字无法没有意义，可是，汉字“因形示义”的独特属性，使得我们可以暂时刨除外在的和语境的“意义”，关注作为个体符号的汉字独立的姿态和价值。这样的汉字开始具备了某种自己的“表情”。

汉字的“表情”变化是历史的约定。语言到文字已经是一种“惊天地、泣鬼神”的跃变，集体的“文”到个体的“字”更是意味深长的，从书写到书法，传抄到印刷，这期间交杂了实用与个性。在我们这个数字时代的书体文字中，字迹异常齐整规律，泯灭了个体的痕迹，但是回溯到千年以上，每个汉字的“履历”都可以说是一个故事，会使人回味良久；它的流传如空中飞鸟迹，既具实在的形体，又可说来去无踪——在每一幕自我成立的汉字“表情”的变易中，我们通常可以读到一部完整的历史。

这部历史里有字形演变记载的故事往谈、时俗移易，同时，也有将符号本身物理成形，乃至字迹湮没过程中呈现的传播方式的嬗变。我们不能不说，很大程度上汉字的魅力正是来自于“变”，“字”的概念和“书”、“传”紧密地联系在一起：一方面，语言文字的流传广播缔造了中华文明共有的底色，另一方面，个人化的书写和字迹的转移也不断创造出新的差异和个性；在这样的流程中，汉字同时具备了两种不同的属性，一方面，汉字固着于媒材的表面获得了物理的属性，书卷之美，抑或金石铭刻的威仪莫不源出于此；另一方面，字迹又是“虚有”的，它只是通过“痕迹”而暂存的空影，不断成形而又被持续擦去，那些不复存世的字迹，将在后人的摹写和追忆中获得再生。

汉字，记录着古老文明不辍弦歌的汉字，就是这样不断地流传和磨灭，在一次次完成自己生命历程的同时垂之后世。

# 追忆汉字典藏文明之光

唐克扬/文

## 宏典

“书于竹帛，镂于金石”（《墨子·兼爱下》），在印刷术发明之前，竹帛和金石上的文书常见的是“纪念”和“昭告”两种功能，据说夏禹的时代就已经“功绩铭于金石”（《吕氏春秋·求人篇》）了。

今日的铸造技术或是激光雕刻使得“刻字”不再是件难事，大到汽车，小到许多电器的背后，都有镌刻着字迹的小小铭牌，我们对此或许司空见惯不以为意。可是，在上古使用如此昂贵的材料来书写，大概不是类似现代社会的“公共阅读”所需吧——在《鲁问》中，墨子劝说鲁阳文君说：“……攻其邻国，杀其民人，取其牛马、粟米、货财，则书之于竹帛，镂之于金石，以为铭于钟鼎，传遗后世子孙……”他从侧面说明了那时青铜礼器铭文的意义：大约西周以后，青铜器上铭文字数增多，记事的范围也日益广泛，和早期的青铜器不同，这时人们铸造器物的目的不再仅仅是为了使用，而是为了勒铭。有了记录重要事件的铭文，从实用目的解放出来的器物才变得空前重要，有了厚重昂贵的器物，文字的庄重内涵才能存之后世，称得上“因文而见器，籍器以传文”。铭文所述之事其实简明，这里的文字超越了语言的实际功用和物理载体，成为中国早期文明某种特殊的象征物。

汉字发展的初始历程也正应和着青铜礼器作为特殊“纪念物”演进的历史，如前所述，这种纪念物包含着“纪念”和“昭告”的两种功能层次，它们彼此联系，同时却也可能是互相龃龉的——须知

青铜器的铸造过程相当复杂，制成欲铸器物通常要先制作泥模（母范），再用泥土敷在模型外面和内部制成外范、内范；然后设法使内、外范精确套合，将溶化的铜液注入空隙内，待铜液冷却后，除去内、外范得到欲铸器物，然而这么精心制作，并欲“子子孙孙永宝用”的器物却常是秘不示人的，它们上面的字迹也不像后世的某些制品一样，只为明示制作者的身份和责任。“国之重器”的纪念意义恰恰体现在它的隐秘，“攻其邻国，杀其民人，取其牛马、粟米、货财……”，掷地有声的史录见证的是惊心动魄的征伐，残酷血腥的杀戮，这一切却是在平淡的沉默中转述的，没有多少人可以在近距离上注目这些常用于祭享的器物，就更不要说那些坚硬金属表面上的刻划或熔铸了，在“不见之见”之中，这些纤小的文字支撑起了宏大的群体价值。

这种看似矛盾的并置是汉字魅力的最初源泉之一。今天人们所说的钟鼎文、金文都是指刻制在青铜器上的文字，法度庄严的铭文和价值昂贵的器物同样意味着珍重和惟一，正如孔子所说，“惟名与器，不可以假人”（《左传·成公二年》）；同时，为了使得这些特殊的“款识”对社会的群体有着真正的影响力，无论是训诰，册命，追孝，还是律令，诏令，乐律，郑重的宣示终究需要通过某种方式“传达”和“普及”，需要当时社会的每个成员理解，也需要他们对这种共享的意义结构熟稔于心。

简单地说来，在“国家文书”的发展中纠结着汉字“标准”和“改革”的变奏。早期的汉字无论是字形和意义都不一致，除了前面提到的金文、钟鼎文之外，无论是用作“卜辞”或“记事辞”的甲骨文，还是据传周宣王的史官史籀所创的大篆（籀文、籀篆，一般认为是古字向小篆过渡的一个阶段）都有多种书写形式和解读方法。不要说殷商时期汉字字体尚未统一，就是两周时期的钟鼎彝器上也很难见到某种文字“标准”的痕迹——这种情况在秦始皇统一六国后极大地改变了，秦把“书同文”放到和军事征服同样的地位上来看待；今天存留的相关文物，无论是秦权，陶量，始皇二十六年昭版，都见证了汉字的流变过程中，那个特殊的历史时期建立“规范”的强烈意识，它们伴随着中华文明历史上第一个大帝国“混一宇内”的雄心，也比沉默的青铜礼器更响亮地喊出昭告天下的声音，历经千年风雨沧桑，秦的壮丽典册在诸如《琅琊台刻石》、《泰山刻石》和《峄山刻石》这样的字迹中依然清晰可见。

虽然秦人的暴政受到一致的谴责，历经分裂和统一，后世的中国政权对于树立文字标准的态度区别并不大，汉代有《说文解字》和《熹平石经》，两晋南北朝接连出现了吕忱的《字林》，顾野王的《玉篇》，周兴嗣的《千字文》，唐代更是刊行了《干禄字书》这样和书法名家联系在一起的著作——这些“字书”并不完全等同于今天供人们查阅的“字典”，不管是私人撰述还是官修性质，它们都清楚地界定了文字书写的“规范”，辨明了所谓正体（官方）、通体（通用）、俗体（民间）的角色和定位，从而对于文化正统和政权权威有着举足轻重的意义——千万不要轻视这种意义的威力，清代的“文字狱”系从此出，比如编写《字贯》的宜丰举人王锡侯人头落地，不仅仅是因为这本字书中没有避讳，更是因为他在本书的前言中嘲笑《康熙字典》虽内容丰富但却有“穿贯之难”，无意中质疑了同样属于字书的官修规范的权威。

从另外一种角度来看，自古以来“标准”的确立也不总是自上而下的，大规范和小个性的并存，对于中华民族在“求同存异”原则下的统一意义深远。古人已经意识到，“正确”的汉字书写并不总是一种标准，前文所述的颜元孙所著《干禄字书》便形象地说明了俗、通、正的不同用途：“所谓俗者，例皆浅近。唯籍帐、文案、卷契、药方，非涉雅言，用亦无爽，倘能改革，善不可加……”，“所谓通者，相承久远。可以施表奏、笺启、尺牍，判状，固免诋诃。若须作文言及选曹铨试，兼择正体用之尤佳……”，“所谓正者，并有凭据。可以施著文章，对策、碑碣，将为允当。进士考试，理宜必遵正体，明经对策贵介经

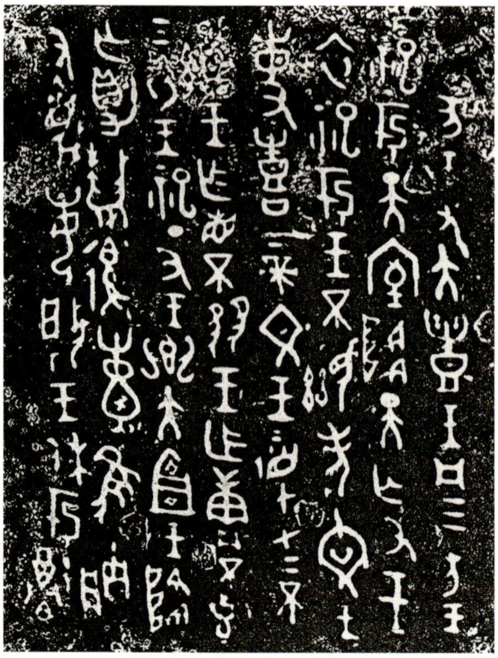

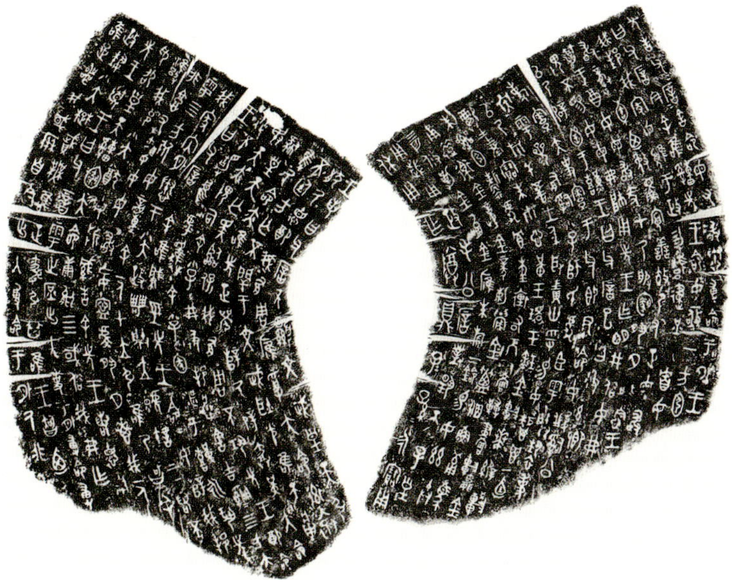

注本文，碑书多作八分，任别询旧则。”也就是说，涉及日用的文字要求不妨宽松，只要便于使用理解就可以，而科举考试这样的官方场合就必须严格遵守统一规范了。明朝万历年间梅膺祚的《字汇》再一次给出了类似的标准，据他说，“从古”，就是有些“雅言”中涉及的字要按古体结构来，“遵时”则是追随当时通行的写法，不必拘泥古体，最后“古今通用”，让字体的辨正在大统一的前提下有小的灵活性。

“纪念”和“昭告”的矛盾并置，或许，正是在惟一性“标准”的转译和商榷中完成的。具体说来，无论是先秦的钟鼎、竹简，还是后世的石刻，玉册，作为官方文书，它们都是选用昂贵珍稀的材质，动用只有国家机构才能负担的人力物力，这种物化的庞大文字记录的性质类似一种古代档案，然而它的储存和使用却不总以便捷实际为旨归，掌握这种秘府中的官方知识的人真称得上“学富五车”，普通民间却很难有机会拥有这样巨硕的财富，于是各种具有中国特色的“拷贝”纷纷出现了——在原始文字器物制作的过程中，这种复制的可能性已见端倪：例如，青铜礼器铭文的制作中，一些文字是先刻在泥范上，另外一些却是后刻的，无论如何，为了书写准确，泥范上的字迹会有毛笔写出来的小稿；如此，出现了两种不同书写工具——“书”与“契”的纠葛，“契”庄重而严整，深存腠理且持之久远，“书”墨色润泽，并有抄录者个性发挥的自由。虽然大多数泥范上的字迹已经随着制作它们的工匠一起湮没了，可是它们终将引起人们对于两种不同“字迹”的思索：一种是“原书”，而另一种是“复制品”，前者象征着权威和标准，后者带来了传抄和发布的便利；人们不难意识到，在青铜器铭文制作的例子里，这两者的次序并不容易加以区分。

毛笔和硬笔书写的并存带来了文字传承的第一重变奏，而秦汉之后石刻兴起，蔡伦带来书写材料的革命，硬地上的铭文加上纸的发明，则产生了中国独有的“拓片”。用黑白分明的墨色将原刻的字迹转移到柔软的纸面，拓片结合了两种材料——纸墨和金石——的特性，将个体手工的痕迹注入了一种趋向“标准”的书写，从而将神秘不可见的“纪念”性文字昭告于世人。制作拓片的时候，拓工需要将纸面向上，纸上覆墨捶击形成字迹的正像，从这个意义上拓片不仅仅是首刻的复制品，更是它的化身和代替，拓片极大地延展和拓展了原典的生命。

## 胜迹

有了“字迹”的概念就有了永恒和变易的变奏，在流传和磨灭的历程中弹出了历史兴亡的最强音。乍看起来，那些悬于虚空的书册文字是容易讹传篡改的，而明确承载着“变化”印记的历史反倒是有些可信度。在《金石录序》中，宋代著名的金石学家赵明诚就已经发出这样的感喟：“若夫岁月、地理、官爵、世次，以金石刻考之，其牴牾十常三四，盖史牒出于后人之手，不能无失；而刻辞当时所立，可信不疑”。可是，金石本身的命运也不见得是那么可靠，无论是李贺曾经歌咏过的流泪“金铜仙人”，还是无数在荒草间湮没无闻的前朝碑刻，“时间”所能赐予它们的破坏无论如何是无法低估的——更不用说，除了那些无法抗拒的力量，还有源于

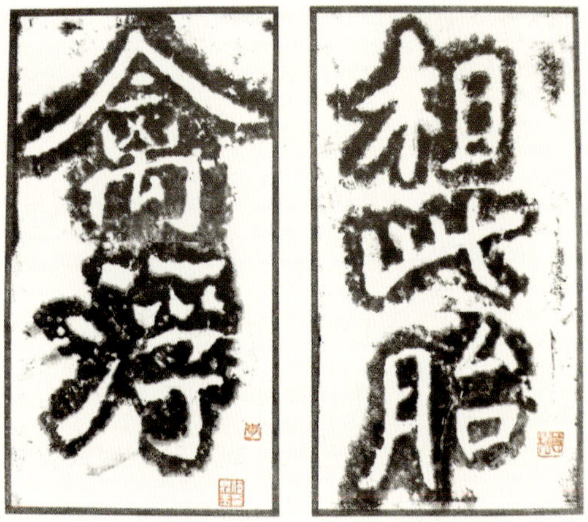

各种诡谲人情的作伪。

于是我们领悟到“文字”的物理属性是特殊的。在纸墨不曾发明的时代，“字迹”的脆弱性或许还不是那么显著，毛笔书写虽然便捷，却很难永久地流传下来，成为像存之金石的铭文般的经典。可是这种情形在秦汉之后极大地改变了，书法逐渐成为文字符号的另一层面价值，原先只是草稿的“书丹”变得和碑刻本身一样地重要，而各式拓片从方便传承的复制品成为同样具有书法价值的罕物。于是，新的复杂关系慢慢连环展开，在战乱中毁坏的原帖连同真正的“手书”让大多数的“真迹”都不复存留了，反倒是它们的复制品一再循环往生。

例如，宋太宗将四百余件前朝书法名作雕刻为版，成为后世所说的“阁帖”，亦即著名的《淳化秘阁法帖》。淳化阁收录的所谓法帖，是将古代著名书法家的墨迹用“双钩”描摹的方法进行复制，然后重新刻为石版或木版，再经拓印装订成帖。没过多久，宋仁宗庆历年间宫中意外失火，拓印《淳化阁帖》的枣木原版不幸全部焚毁，因而后世复制久已失传的作品，就只有根据初期的阁帖拓本了，那样便有再次复制、续刻为刻石和书版、以至再拓的新一轮循环，比如宋代以降的《绛帖》,《戏鱼堂帖》,循环往复，不断复制。如此，倘若是件类似北朝龙门造像题记那样的作品，一经收入阁帖便经历了一番极其复杂的生命历程：

墨迹（书丹）——石刻——拓片 1——“双钩”描摹复制——刻版印制或拓印——拓片 2 ——再次“双钩”描摹复制——再次刻版印制或拓印——拓片 3……

苏轼诗云：“老僧已死成新塔，坏壁无由见旧题”（《渑池和子由怀旧》），本意是说人生倏忽，事非迹灭，“碑”和“帖”的关系带出的却是生生不息的重生历程，足以作为这句诗的反面，注解了——是坚不可摧的金石保全了最初的墨迹，但是，即使文字的载体湮没了也无妨于书写以改头换面的形式流传后世，中国独有的艺术传统对于“原创”和“模仿”的区分语焉不详，让个体的生命有机会在集体之中重生。这可能也是我们在本书开篇所提到的那些汉字特体“表情”的特色，在外人眼中它们几无差别，只有根据翻刻过程中留下的现场“痕迹”——比如碑刻上的“石花”，木版施印的轻重，后世研究碑帖之学的专家才能看出它们的细微区分。

汉字的这种传承中缺乏西方艺术史家所在意的“灵晕”（aura），它造就了几乎是首尾相续自我混同的历史，某种在长时间看来系出静态的“时间胶囊”。一旦这种无始无终的字迹被转置于沧桑巨变的物理环境中，就将形成鲜明而巨大的反差。

东汉以来，包括碑碣，墓志，石经，摩崖等多种形式在内的石刻成了文字“纪念”或“昭告”的主角，它们是轻薄书版魅力来源的衬景。清代学者龚自珍详细地说明了“刻石”所为之事有九：“……帝王有巡狩则纪，因颂功德，一也。有畋猎游幸则纪，因颂功德，二也。有大讨伐则纪，主于言劳，三也。有大宪令则纪，主于言禁，四也。有大约剂大诅则纪，主于言信，五也。所战，所守，所输粮，所了敌则纪，主于言要害，六也。决大川，浚大泽，筑大防则纪，主于形方，七也。大治城郭宫室则纪，主于考工，八也。遭经籍溃丧，学术岐出则刻石，主于考文，九也。九者，国之大政也，史之大支也。或纪于金，或纪于石……”（《说刻石》）从这份详尽的清单中我们可以看到，这种立于秘府外的纪念碑的功用无外乎“记事”、“记功”、“记德”，它是统治能力的誓词，也是法律约定的见证和文治武功的宣言——这些记忆都不是中国所独有的，不是我们的传统所独擅的，却是一种对于“恒久”、“长存”既期冀又怀疑的态度——“石在天地之间，寿非金匹也，其材巨形丰，其徙也难，则寿侔于金者有之，古人所以舍金而刻石也欤？”（《说刻石》）

常留在自然风景里与它们融为一体的石碑，据说是可以与“天地同寿”的，所以龚自珍明确地指出了它比人工铸造的器物还要适合作为永久性的见证。城市之中固然需要这样巍峨的构筑物，但为石碑所择定的安放所更多是在郊野之中。晚清的文字学者黄易走访嵩洛一带，寻访前朝旧碑，他的实地考察记录为我们留下了这样一长串使人遐想的地名：等慈寺、轩辕、大觉寺、嵩阳书院、中岳庙、少室

宋 李成《读碑窠石图》

石阙、开元寺、太行秋色、少林寺、石淙、开母石阙、会善寺、白马寺、嵩岳寺、伊阙、龙门山、香山、奉先寺、邙山、老君洞、平等寺、缑山、晋碑、小石山房……在这种语境之中“游山如读史”，对于广大风景的遍历也是对沧桑现实中所隐藏的历史意义的肯定。

与此同时，古人也清晰地意识到，石材本身固然难以消失，石碑上的字迹却是容易磨灭甚至可以削平重来的。更有甚者，野火鸣镝后人们面对的终将是荆棘铜驼，即使原碑尚在书迹尚可辨认，它们的尴尬幸存本身却是对脆弱人事的一种反讽。除了尽人皆知的不著一字的乾陵武则天石碑，还有后世明成祖为父亲准备的28层楼高的巨硕的“阳山碑材”，它们一直留在原地从未使用，现代的工程专家认定根本不可能运到现场。或许，准备这些石碑的人们心里清楚，即使无比壮丽，这些擘窠大字也将如同寻常人的祠墓之碑，所书所云的终究是“一家之事”的烦言冗辞，是不可能到达他们所梦想的永恒境地的。

记录这种“存”“易”之歌的字迹中最有诗意的莫过于号称“大字之祖”的《瘗鹤铭》了。《瘗鹤铭》署名为“华阳真逸撰，上皇山樵正书。”然而，究竟是谁写下了号称“碑中之王”的这篇文字，本身就是迷雾重重。一种说法是为梁代陶宏景所书，不仅仅是因为陶宏景在书法上的造诣，同时也是因为当时他已解官，归隐在道教圣地，镇江的茅山华阳洞，因此有这种附会的说法。同时，因为这篇文字记述人鹤之情的特殊，人们又将目光投向王羲之，据说，他生平嗜鹤，常以池水洗笔，以鹤的优美舞姿入书。这种说法同样也是“典故相传”不易确认的——也许恰恰是因为这种“迷雾”，相对少见的南碑《瘗鹤铭》没少得到历代书家的高度评价。“宋四家”之一的黄庭坚作诗说:“大字无过《瘗鹤铭》”，清人何绍基进一步解释说：“自来书律，意合篆分，派兼南北，未有如贞白《瘗鹤铭》者”（《东洲草堂金石跋》）。对于后世的书法评论者而言，《瘗鹤铭》的好处恰恰是“其胜乃不可貌”，在书法史上，它既已是成熟的楷书，而又可从中领略楷书发展中篆、隶笔势的作用，本身是对于“变”的一种诠释。

无论如何，原刻在镇江焦山西麓石壁上的《瘗鹤铭》更传奇的地方，在于它的物理境遇的变迁。据说，铭文成刻不久便遭到雷击，岩壁崩塌坠入了长江；到了南宋淳熙年间（1174-1189）石碑露出了水面，便有人将残石捞起竖立于原处，没想到数十年后又再次掉进江中。清康熙五十二年（1713年），闲居镇江的陈鹏募工又一次从江中捞出残石，粘合为一。《重立瘗鹤铭碑记》以寥寥二十余字说明了这段传奇的历史：“盖兹铭在焦山著称，殆千有余年，没于江者又七百年。”

《瘗鹤铭》原文应在160字左右，对于剩下那些字石的猜想成为一个永恒的命题，包括今天的镇江博物馆和焦山碑刻博物馆在内，当地人对缺失铭文的打捞一直都不曾停止过。可是，现存残缺的碑文却别有一种气度，千年的风雨剥蚀使得字迹漫漶，并不能影响它们的文化品格。比起油漆一新的假古董，或是在永垂后世的努力里抹去了原迹的那些传承，这些斑驳的印记反倒是更加真实的。它使得人们想起中国历史上“堕泪碑”一类的典故，“羊公碑尚在”，而时易景移，石头的缓慢磨蚀毕竟还是赶不上人世的转瞬间的变迁，这种对比使人们感受到自己肉身的渺小和自然律的无情。

面对这样惊心动魄的历史是需要一种超越而淡定的心态的。清末为金石学做出重大贡献的学者黄易在陕、豫故地访问旧碑，见到使人触目惊心的一幕，不禁由衷地感叹：“庙碑墓碣，皆在旷野之中，苔藓斑驳，风高日熏，又以粗纸烟煤，拓声当当，日可数十通，安有佳本？”于是，人们从荒郊野外取回久经时间侵蚀的石刻置于碑林中，这些碑铭被安放到通都大邑的公共场合，金石学家对纪年，断代的关心遮没了实际的物理遭际，精美的拓片得以复制、出版，上面再也找不到斑驳的苔痕和风雨的浸染——时间自身的不断接续，代替了苍茫空间的转换。

## 寄情

上古的文字媒材毫无例外地是贵重材料，这使得文字书写的对象极有选择性。至少在春秋时期，金石铭文的内容还严格地限于与礼仪、宗教、国体、政令等有关的“大事”，那些哪怕只是些微地见证了个人生活印记的“小事”，恐怕从来就不曾进入彼时“书法家”的视野。

然而，早期的铭文中又不可避免地出现一些个人化的因素——尚无规范的文字中不同部首的组合，书写格局的变化都给与书写者一定的自由，而且，重要的是，历史常常是由于具体的叙说者才为人们所知的。例如著名的“利簋”，腹内底部有铭文 4 行 32 字：“珷（武王）征商,隹（惟）甲子朝。岁鼎（一说释作‘贞’）克闻（一说通‘昏’字），夙又（有）商。辛未，王才（在）阑师。易又吏利金,用乍（作）旜（檀）公宝尊彝。”尽管今人对于利簋铭文的解释还有不同的意见，但可以确信的是，这件器物涉及到武王伐纣这样重大历史事件的纪年，大意是:周武王征伐殷商，在甲子日这一天，岁星当位时告捷。辛未（后七日），武王在阑地（一说为管）军中，赏赐铜给一位名叫“利”的官员，利铸造了这件宝器纪念他的祖父檀公。由于他的姓名出现在这件西周最早的青铜器上，我们获悉了三千年前这位历史人物的存在，这样的文字同时把“大事”和“小事”结合在一起。

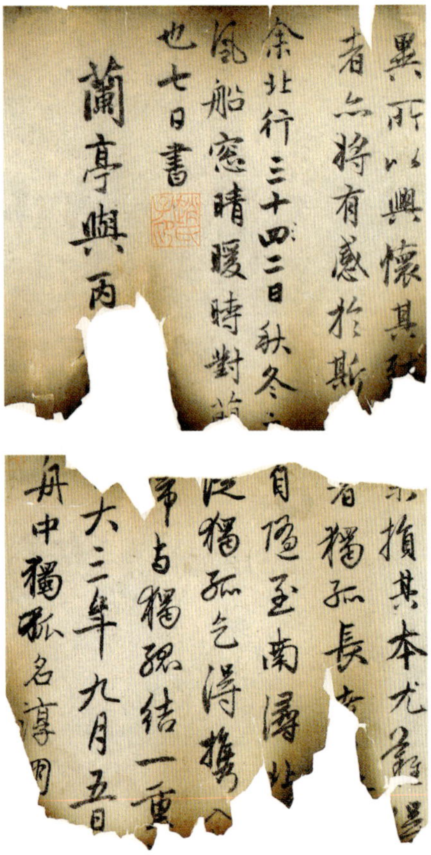

国史和家世相勾连，标明了个性与集体共存的可

能。如前所述，石刻最早是一种官方发布的“证物”，但从这种庄重书体诞生时起，煌煌大书中便渗入了个人干预的可能。

先说实用的层面。社会分工的演化创生出个人身份的需要，最终带来了中国传统中印玺的艺术。印玺的创生年代不会早于战国，最早是和着封泥一起使用的，是贵族文件和凭信的印证，盗取兵符官印者将是死罪一条(李悝《法经》)；慢慢地，公室贵族的世卿世禄制度逐渐被废除了，“食有劳而禄有功”，印玺现在是一般人身份证的等同物，印背中间出穿孔小鼻或类似的空洞，以便挂在身上作为个人化的信物，最终它们钤在文人书画的边款里，印章成了书房案头的一种清玩。

再说“纪念碑”本身的演进，从秦代丞相李斯执笔的泰山刻石，到唐代国中四大名家共同完成的《元德秀碑铭》，直至晚清以碑学提倡个性，“铭之金石”不再仅仅联系着永垂不朽的愿望，其中也浸淫着每个书家的情趣和寄托。事实上，两汉一代石刻兴起的伊始，利用新的媒材趋时务世的风气就甚嚣尘上，以至于曹操不得不下“禁碑令”禁止这种热潮，然而以国家政令的威信都不能阻止这种书写世俗化的趋向，书写服务于个人目的的同时，也自然带来了个性追求和个体的情趣。

在刻板的标准之外寻求个体表现性的可能是大势所趋，绝非某个个人甚至政权的力量可以阻挡。首先，是书写变得更容易了，更符合个体书写的习惯，看起来，字体演变的基本逻辑是先由繁难变为简易，由简易处再翻作层出的新意——战国七国文字由不尽一致的字形逐渐汇合为小篆，随后是所谓“隶变”，彻底解散了图画性的篆体，“随体诘曲”的意思，首先是结构省简，笔顺改曲为直，笔法由圆而方。如此，字字，行列之间的关系倒也变得更加错落有致。单字的长方变成扁方，也利于竖行在统一的纸面上更加自由地书写。标准篆书体适合“官书”，体式特点是排列整齐，行笔圆转，无论圆笔方笔，篆书的线条匀称，点画同源，笔画均一，而“隶变”之后则出现了笔法的波磔，结构上演化出向背之分，对于书写的力度和速度控制提出了不同的要求，同时也赋予了书家别出新意的可能。

这样的书体具有怎样一种新的表现可能？“书体”和“身体”其实大有关联。无论是“永字八法”，还是后世的所谓“欧阳询八诀”，明代人李淳的“八十四法”，清代人黄自元的“结构九十二法”，都是把书写中蕴集的抽象运动转化为身心可以领会的现象。例如，“八诀”指出“点”如高峰坠石；“横戈”如长空之新月；“横”如千里之阵云；“竖”如万岁之枯藤；“竖戈”如劲松倒折，落挂石崖；“折”如万钧之弩发；“撇”如利剑断犀象之角牙；“捺”一波常三过笔。从一开始，研习书法者就要在两个不同的方向上领悟这种解说：首先是“临摹”，通过严格参照规范来熟悉前辈书家的技法，把不可见的古人书写过程内化在臂、腕乃至全身的感知中；另一方面，书写是广泛外求于法诀所参照的自然现象，一个人只要对于这些现象有所感悟，他就可以在规律的桎梏里找到自己所理解的自由境地。在这个学习长进的过程中，结果的“创造性”并不是最重要的因素，重要的是身心的参与，书法有如舞蹈、体操，而不是记录、仿真，在参与的过程中，每个人以自己的体力和肢体表达“意义”之外的个性与性情，这正具有表现主义艺术的一般特征。

元朝至大三年（1310）九月，应召赴京的书法名家赵孟頫乘舟由湖州经运河北上大都，历时三十余日，路途中在南浔得到了一件《定武兰亭》的旧刻（五字已损本）。在舟中，他每日展读这件书法珍品，并写下十三段题跋，后人称之为《兰亭十三跋》。按西方艺术的标准来看这是一件非常独特的作品：首先，《十三跋》中“原作”、“仿作”和“创作”的界限相当模糊，它既可以理解成一种“读后感”，也即赵孟頫对前辈书法的评价，也可以看作是作者临习法书的小稿；更有意思的是，作品中还附有对于原型作品的临摹，并且语气里毫不掩饰对追步前人风范的渴望，把历史和创作汇聚一炉——在十月三日书写了“第十一跋”后，书法家郑重地临写了《兰亭序》全文，使得这件总称为《兰亭十三跋》的书迹成为一卷立体化的微型书法史。

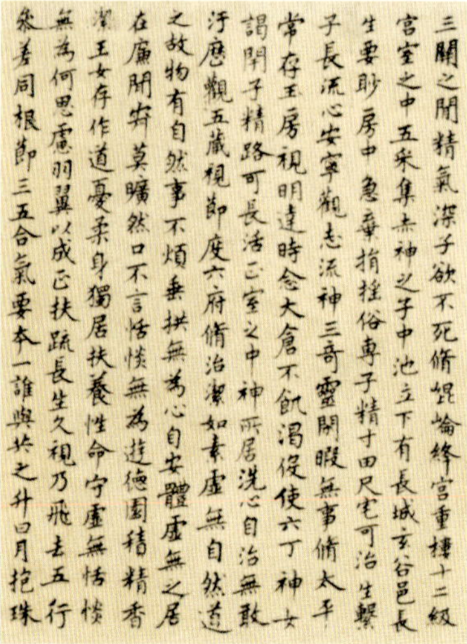

其实，了解赵孟頫生平的人不难理解这件作品背后的微

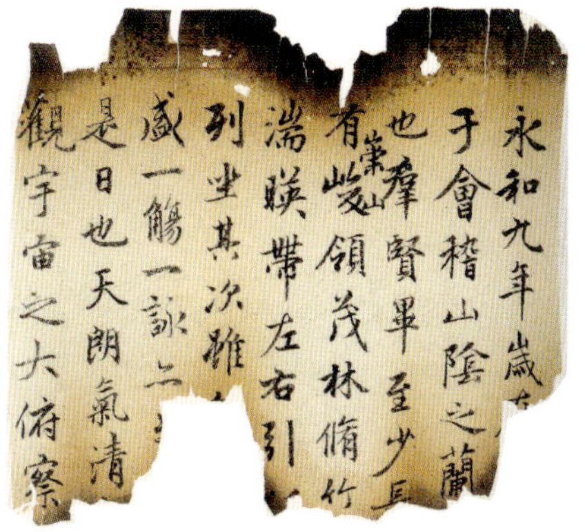

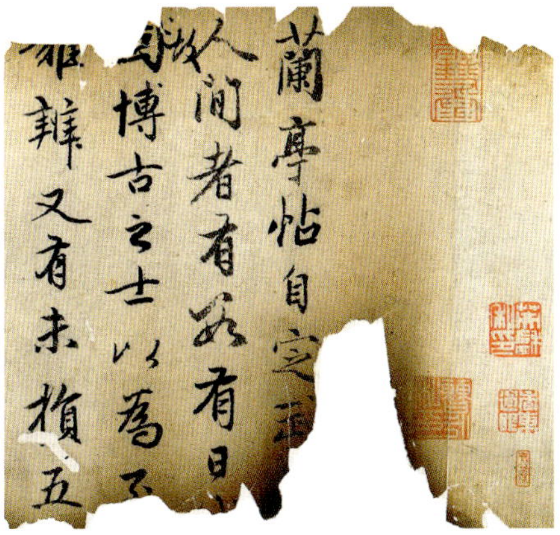

妙意味。这位以赵宋皇室后裔仕元的艺术家似乎一直未能摆脱内心的纠结，此次北行，年已五十有七，我们今天知道他的去路其实面对着的是仕途和人生的最后转折，对他而言，无论成败都是举足轻重的。在《十三跋》中没有现代艺术家一味“超越”的执着，有的只是古代书家成就阴影下的自况，以至于他反复将“人品”和“神品”联系在一起。这种高度自觉的比照似乎是他对自己历史地位的某种反省：“……昔人得古刻数行，专心而学之，便可名世……”，“……学书在玩味古人法帖，悉知其用笔之意。乃为有益……”。如此所产生的书写和特殊的个性无关，对于古今“差异”的关心几乎是难以觉察的：“……大凡石刻虽一石，而墨本辄不同。盖纸有厚薄、麤细、燥湿，墨有浓淡，用墨有轻重，而刻之肥瘦明暗随之……”

《十三跋》绝非个性与传统关系的惟一图解。只是它戏剧性地记录了一段相当完整的南北旅程，包含有宝应、清河、吕梁、邳州、沛县、济州、虎陂等近十个地名，这种地点的转换伴随着时间的流转，《十三跋》中提到的“独孤本”《兰亭序》在赵题写跋语前已有宋吴说、朱敦儒，元钱选、鲜于枢四人的题跋；在赵孟頫题写《十三跋》之后，我们又在同一文本中看到了柯九思题写的二跋……

总体来说，汉字的书写是在大的拘束中寻求小的个性，纵使奇、变，也讲究不失规矩，就是号称狂放的艺术家也总还对古典烂熟于心，纵使笔法保留些许个人特色，结字还是要“守法”“用工”的——这是后世慢慢成为中国艺术主流的文人艺术的一般标准。了解了这一点，人们才能理解围绕着书写所诞生的一些独特的艺术品的价值；理解了这一点，即使我们不谈“书法”品评的深微之义，也能意识到中国文字是如何是在“集体”和“个人”之间构成了一种滋生意义的框架，有趣的《兰亭十三跋》就是其中之一。

## 现场

作为七十年代初的生人，我迄今还记得在童年时代使用不同工具书写的经历。首先是家长教我用毛笔写“大字”，传统书法的工具其实并不复杂，但入门的仪式却是相当庄重的，父母语重心长地告诫我，研墨和挥毫都是对耐心的培养，说起来，一个人书写的姿势和方法比字迹的优劣更为重要。然后就上了小学、中学，拥有一杆“英雄牌”钢笔是每个小朋友都有的梦想——和毛笔字比起来，钢笔字的表现能力其实有限，然而在那时，能写一笔好字，可以指导“硬笔书法”的专家何止一两位？以至于全国上下掀起了练习钢笔字的热潮。直到大学时代，书信来往依然要依赖各式各样的书写工具，信纸的好坏，墨色的深浅都不是无关紧要的，因为它们几乎是一下子就透露出书写者的秉性和仪态，它们同样是一个人情感传达的部分。

后来就到了电脑的时代，很少写字了。我第一次看到激光打印机打印出的清晰字迹时几乎为之绝倒，想来那还是早期的计算机文字处理技术，远远不及今天随便街头打印的水平。如果我们回溯千年以上，印刷文字对于手写文字的颠覆想必亦如此，而今天的计算机给予了每个人同几乎样的自由，这样“生产”出的文字中人的控制力已经近乎消失了，字与字之间的差异几乎为零，为了使得不同章句和段落的配合都能灵活自如，不仅仅需要取消特出的“个性”，还需要确定某种普适的“标准”——换而言之，印刷术青睐的不是单纯的“妍美”或“优质”，它寻求的其实是“平均”和“中道”——还有什么比计算机更胜任这项工作呢？几乎是在一夜间，全国的大街小巷都挂满了全无个性的同样店招，“电脑字体”从一种高科技的稀罕物，一下堕落成为人所诟的流行病。

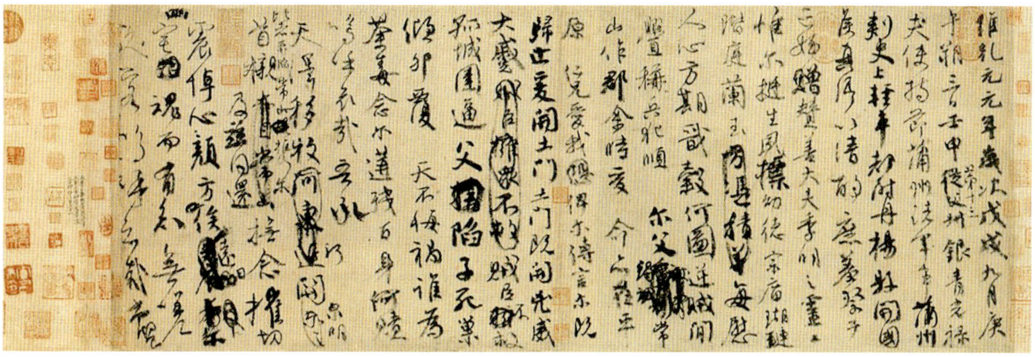

无论是单字的复杂程度，还是整体文字的数目，汉字都远远超过世界上其它语言，这使得那些充满着个体“表情”的汉字在印刷的时代依然有其生命力，也使得汉字书写的意义在当代社会不会简单地消亡，民间所重的“敬惜字纸”有了衍生的含义。今天，汉字的沟通意义进一步地得到加强，而恰恰是因为发达的出版和文字处理技术，汉字书写曾经有过的纪念性为怀旧的现代社会所重拾——“我们还可以说，中国文字和文学亦走在同一路径上。他们同样想用简单的代表出繁复，用空灵的象征出具体”，钱穆为我们揭示出了“写字”的另一重境界，它永远是在庄重与性情，集体与个性之间徘徊，因此也是关于当下的书写。

超越“书法”的“书写”对每个人都是有意义的。康有为在《广艺舟双楫》中发展成了“人人都是书法家”的极致理论：“魏碑无不佳者，虽穷乡儿女造像，而骨血峻岩，拙厚中皆有异态，构字亦紧密非常……”当代书法理论家指出，书写的普适性无法取消“好”与“坏”的区别：“人们学习书写时，总是根据当时的范本和标准，努力把字写好，‘好’就是合乎规范”（白谦慎《与古为徒和娟娟发屋》），因此“古无不佳”的论调是未免偏颇的。然而金石钩沉中的深意也让我们看到，令人们迷恋过往的“字迹”并非没有深沉的情怀——传世的许多书法作品本不是作为“法书”而写下的，很多被奉为“历代楷模”的“大字”，例如《祭侄稿》、《兰亭序》都不免有作者删改涂抹的痕迹，然而就是这充满了“人味”的“坏字”使得那些面目不清的字迹一下生动起来，因为它充满了彼时、彼刻，乃至此时、此刻的现场感，把字迹那端的书写者和无垠的过往联络起来。

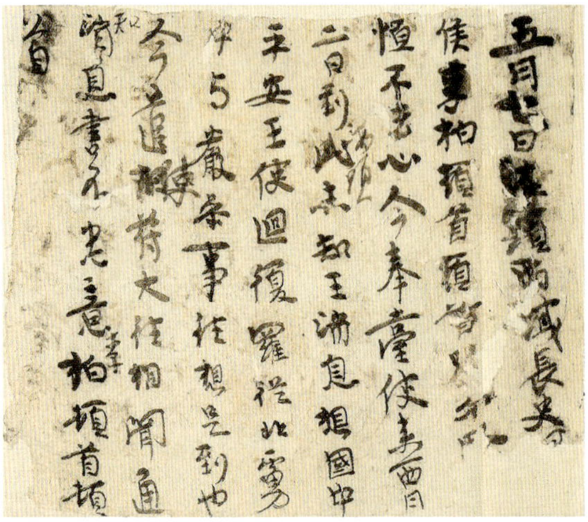

这样的现场感，使得小小的文字符号顿时超越了广大的时空，它的魅力来自脆弱物理载体和永恒文化场景的强烈冲撞。《吐鲁番文书》中的意外发现便是如此，1959 年到 1975 年，在新疆吐鲁番县阿斯塔那和哈拉合平两地，共发掘清理了晋到唐的墓葬四百余座，在所获珍贵文物中，有常随墓主下葬的汉文文书两千余件，其中最戏剧性的一幕莫过于在一批舞乐偶中，发现被捻作手臂的字纸，展开观之，却是相去遥遥的唐代长安城中“质库”（当铺）的记录，这些记录虽然貌似琐屑，书法平庸，每笔帐下却记有长安城市的准确地名，如新昌坊、延兴门、观音寺，甚至细到具体的人名，住址，历历在目。可如今的西安，这些地名湮没已久，无人能辨了，当年随手写下这些账目的人，大概没有想到千年之后，后人还能凭一张皱巴巴的纸条，在千里之外的西域遥想起他们的存在吧？

如此的无心所得，应该还要归功于阴差阳错，这些字纸流落到了远离中原地区的吐鲁番地区，干燥的气候使得纸墨常新。可是大多数记载着平凡人生命印痕的字迹，都在千百重兵、火、水、虫的灾患中一去不返了，前朝字迹的“难得易失”，一如刘若愚《酌中志》对于世间书籍的叹惋：“自神庙静摄年久……遂多被匠夫厨役，偷出货卖。柘黄之帖，公然罗列于市肆中，而有宝图书，再无人敢诘其来自何处者。或占空地为圃，以致板无晒处，湿损模糊，甚致劈毁以御寒，去字以改作。即库中见贮之书，屋漏檐损，鼠啮虫巢，有蛀如玲珑板者，有尘霉如泥板者。放失亏缺，日甚一日……曾不思难得易失者，世间书籍为最甚也。”

也许，正是“书写”的现场感，正是“书迹”连接宏大历史和个人命运的神奇力量，使得“书法”

成为对于心灵探究的最高艺术形式，也让我们这个民族对于“字”的创作，品评乃至传播充满了旺盛的热情。它是对于既有规范的体认和延续，也是对于个体生命延续的探求和期冀。人生有限，如同字迹不可能是无法磨灭的，可是持续“书写”的冲动，使得模仿和传新的变奏此起彼伏，犹如薪火相传。回望来路上的那一点光亮也会使得后来者倍感温暖和欣慰。

在号称超越了“金与火”的数字出版时代，汉字书写的价值究竟还会延续多久？

——只要我们还看重生命传承的根本动力，只要记忆还是人类文明延续的基本形式，这样的传统就会持久地、恒远地延续下去。

# 𧓍汤叔盘

西周

体圆，方口沿，双附耳，浅腹，平底，圈足，足下有三兽形足。盘内铸有铭文。

# 伯盂

西周

高39.5厘米，宽57.6厘米。

形体高大，呈圆形，侈口，圈足，深腹，腹外侧有双附耳，颈前后两面各有一高浮雕兽首，兽首周围饰夔纹，腹饰鸟纹组成的焦叶纹，足饰夔纹。盂是古代的一种盛食或水器，西周时期盛行。

器内底上有铭文2行15字，铭文大意是说：伯做了这件宝贵的盂，希望后代子子孙孙永远享用。

西周时期，青铜器的铭文字数逐渐增多，十几个字到上百字。目前为止，西周时期字数最多的是《毛公鼎》，有497个字，现藏于台湾。青铜器的铭文内容主要涉及政治、经济、军事、文化、礼仪、风俗等，如记载奴隶主贵族祭典、征伐、赐命、契约等等。

释文：伯作宝尊盂，其万年孙子子永宝用享。

# 虢叔旅钟

西周

原器通高65.4厘米，铣距36厘米。

钟钲部铭文4行41字，右鼓部铭文6行50字。铭文铸造阴文，文字书体为周代金文。铭文从钲部起连读，大意是，虢叔旅说：『（我）伟大显赫光荣的父亲惠叔，秉持光明美好的德行，服务于他的主人，得到不尽的好处。旅将以逝去的父亲的威仪为榜样服务于天子，天子会赐给旅更多的好处。』旅为报答和宣扬天子给予更多的好处，为逝去的父亲惠叔做了大套编钟。光荣的父亲庄重的在天上庇佑着下界的后代们。当编钟叮叮当当敲响时，就会有众多福气由天而降予旅。旅的子孙后代将万年永远宝藏这些钟，以祭享祖先。阮元旧藏。

释文：虢叔旅曰『丕显皇考惠叔穆穆秉元明德，御于厥辟，得纯亡愍。旅敢肇帅型皇考威仪，□御于天子。逎天子多赐旅休。』旅对天子鲁休扬，用作朕皇考惠叔大林和钟。皇考严在上，异在下。敱敱㠧㠧，降旅多福。旅其万年子子孙孙永宝用享。

## 免尊（故77482）

西周

圆体，束颈侈口，垂腹圈足，颈部饰鸟纹一周，前后各有一兽首。尊是古代的一种盛酒器，流行于商周时期。器内底铸有铭文五行49字。

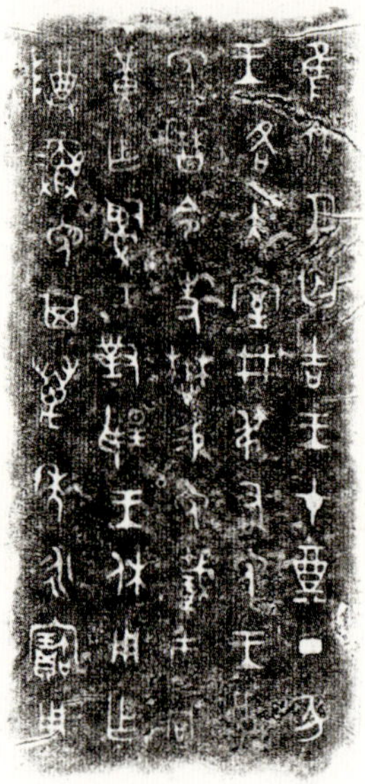

# 叔卣

西周

原器通高19.3厘米，宽21.6厘米。

器内底与盖内各铸有铭文5行32字，铭文铸造阴文，文字书体为西周金文。铭文大意是：周王在宗周行禘祭。王后和史官叔被派出使太保，太保赏给叔浸过香草的酒、白色的青铜、经过豢养的祭祀用牛牲。叔为答谢太保的美意，做了这件宝贵的彝器。铭文字体清秀规整，笔画起笔和收笔尖，中间粗，体现出西周早期铭文的典型特征。故宫还藏有另一件与之成对的卣。

释文：唯王禘于宗周。王姜史叔使于太保，赏叔郁鬯、白金、刍牛。叔对太保休，用作宝尊彝。

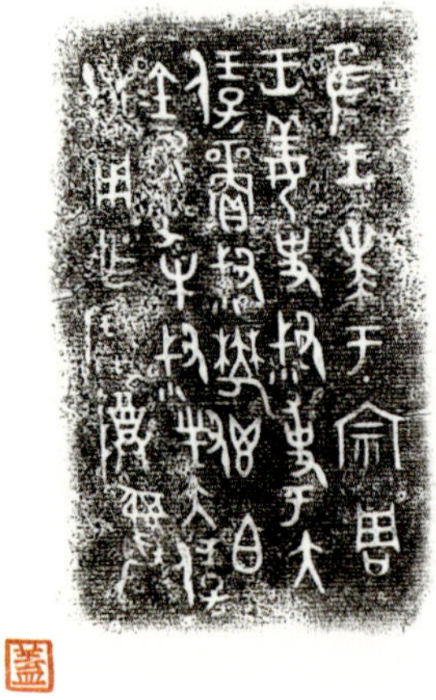

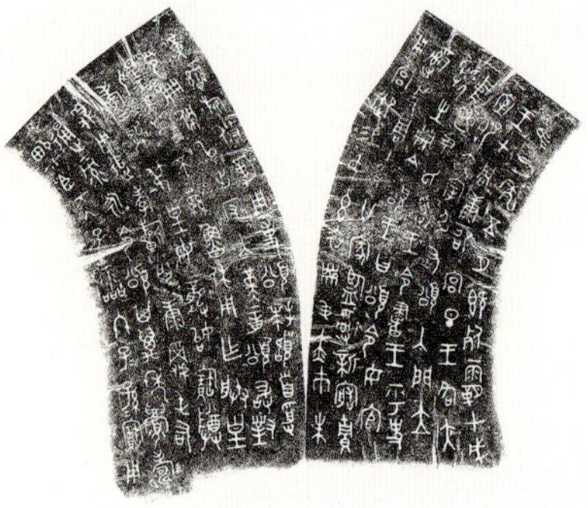

# 颂鼎

西周

原器通高38.4厘米，宽30.3厘米。

器内壁铭文14行152字。铭文铸造阴文，文字书体为周代金文。铭文大意是：在三年五月下半月的甲戌日，王在周地康王庙里的昭王庙。天刚亮，王到了昭庙大厅里，坐定位置。宰引作为佑者带领颂进入昭庙大门，站立于庭院中。尹将拟就的任命书交到王的手中，王命史官虢生宣读任命。王的任命书说：『颂，命你管理有二十家胥隶的仓库，监督管理新建的宫内仓库用资。赏赐给你黑色带绣边的官服上衣，配有红色饰带的大红围裙，车马用具的銮铃、旗帜和马笼头。执行任务』。颂拜，叩首，接受册命书，佩带以出，又返回庙中，贡纳觐见用璋。颂为答谢和宣扬天子伟大的美意，做了祭奠逝去的伟大父亲龚叔、母亲龚姒的宝鼎，用来追念孝意，祈求得到健康和厚大的佑助，仕宦之途通顺，长命，长作天子之臣而得善终。子孙后代宝用此鼎。铭文共包含表现了七项仪注，是我们认识当时某类事件相关礼制的珍贵资料。

释文：唯三年五月既死霸甲戌王在周康邵宫。旦，王格大室，即位。宰引佑颂入门立中廷。尹氏授王命书，王呼史虢生册命颂。王曰：『颂，命汝官司成周贮二十家，监司新造贮用宫御。赐汝玄衣黹纯、赤市、朱黄、銮、旂、攸勒。用事。』颂拜，稽首。受命册，佩以出，反入觐璋。颂敢对。扬天子不显鲁休，用作朕皇考龚叔、皇母龚姒宝尊鼎。用追孝，祈介康虪纯祐通禄永命。颂其万年眉寿，畯臣天子灵终，子子孙孙宝用。

# 颂簋

西周

高22厘米，口径24厘米。

弇口，鼓腹，兽首耳，下有垂珥，圈足下附三只兽面扁足。口下饰窃曲纹，腹部铸成瓦纹，圈足上为垂鳞纹。器内有铭文150字，内容是周王对颂的策命，让其管理新宫事，并赏赐许多物品。颂还进行了纳瑾报璧礼。

此簋铸造精致，特别是长篇铭文对研究当时的策命典礼制度有很高的价值。

释文：唯三年五月既死霸甲戌，王在周康邵宫。旦，王各（格）大（太）室，即位。宰弘右颂入门立中廷。尹氏授王命书。王乎（呼）史虢生册令（命）颂。王曰：『颂，命女（汝）官司成周，贮。监司新造贮用宫御。易（锡）女（汝）玄衣、黹屯、赤市（绂）、朱黄（衡）、銮、旂、攸勒。用事。』颂拜稽首，授命册，佩以出，反入观璋。颂敢对扬天子不（丕）显鲁休，用乍（作）朕皇考龏叔，皇母龏始（姒）宝尊簋。用追孝，祈匄康虩屯右，通录永令。颂其万年眉寿无疆，畯臣天子灵终，子孙永宝用。

# 微师耳尊

西周

原器通高25.7厘米，宽23.2厘米。

器内底铭文7行52字。铭文铸造阴文，文字书体为周代金文。铭文大意是：在六月第一个吉日辛卯这一天，侯到了耳的住处。侯赞扬耳，赐给他十家奴仆。微师耳为答谢侯的美意做了这件纪念先祖京公的宝贵彝器，希望京公的后人子孙永以为宝，并祝愿侯万年长寿，耳日日得到侯的好处。傅忠谟旧藏。

录文：唯六月初吉辰在辛卯，侯格于耳𥄂，侯休于耳，赐臣十家。微师耳对扬侯休，肇作京公宝尊彝，京公孙子宝。侯万年寿考黄耇，耳日受休。

# 殷（穀）盘

西周

原器通高13.7厘米，宽39.6厘米。

器内底铸有铭文4行18字，文字书体为西周金文。铭文大意是：在正月的第一个吉日，同辈子孙殷穀做洗脸用的盘。祈望子孙后代长寿。殷穀盘铭文字体铸造较大，字作长方形，结构疏松，是西周中期铭文的几种书体之一，具有代表性。

释文：唯正月初吉，儕孙殷穀。作沬盘。子子孙孙永寿。

# 追簋

西周

通高39.4厘米，口径27厘米。

圆体，束颈，垂腹，有盖，下具方座。双耳铸成顾龙形，龙耳高耸，卷曲的龙尾作垂珥。盖上、器身和方座四面饰夔凤纹，回首垂冠，精美生动。其上下间隔有窃曲纹带，通身用云雷纹作地。盖冠上亦有一凤鸟纹。器、盖有铭文7行60字，内容是：追自称日夜操劳主管的事，周天子对他赏赐很多，追称扬天子的恩惠，造簋祭祀祖先。

此簋形体瑰丽，龙耳造型生动。铭文内容对研究西周祭祀和称谓情况有一定的史料价值。

释文：追虔夙夕，卹氒（厥）死事，天子多赐追休，追敢对天子覭扬，用乍（作）朕皇且（祖）考尊簋，用享孝于前文人，用祈介眉寿永令（命），畯臣天子，霝（令）冬（终），追其万年子子孙孙永宝用。

# 其次勾鑃

春秋

通高51.4厘米，铣距19.9厘米。

椭圆体，桥形口，腔体长，长方柱柄。柄根部台座饰蟠螭纹，舞上饰回纹，器身下端饰蕉叶纹及蟠虺纹。器身两侧有铭文32字。

句鑃是古代的一种乐器，用于祭祀、宴飨等，使用时口朝上，以槌敲击。盛行于春秋时期吴越等国。此器自名为『句鑃』，可作为此类器物定名的标准器。清代道光初年浙江武康县出土。

释文：正初吉丁亥，其次择其吉金铸句鑃，以享以孝，用祈万寿，子子孙孙，永保用之。

## 徐王子旃钟

春秋

原器通高15.5厘米，铣距10.5厘米。

钟的两面钲部与鼓部铸有铭文，共71字。铭文铸造阴文，文字书体为春秋金文。铭文大意是：在正月第一个吉日癸亥这一天，徐王子择其上好的铜，自己做了这件声音和谐的钟，用来在盟祀典礼上使用。嘉宾、朋友、诸贤人以及父兄和众多官员欢宴、喜庆，非常快乐。钟声飞扬，有如鸟儿非常大声的长鸣。它的声音绵绵悠长，传向四方。钟声皇皇熙熙，仿佛预示着人的生命寿老无期。但愿子孙后代，万世永敲此钟。

释文：唯正月初吉元日癸亥，徐王子旃择其吉金，自做和钟。以敬盟祀，以乐嘉宾、朋友、诸贤，兼以父兄、庶士，以宴以喜。中翰且扬，元鸣孔皇。其音悠悠，闻于四方。韹韹熙熙，眉寿无期。子子孙孙，万世鼓之。

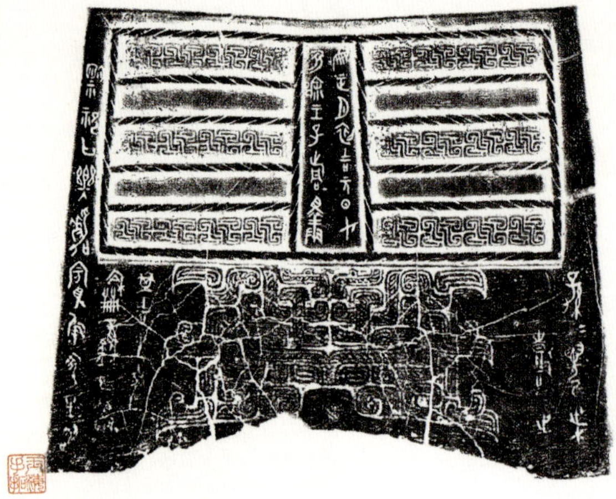

## 「出内吉」鼻钮铜印

战国

私印。铜质铸造，鼻钮，印面宽2.3厘米，通高0.7厘米。印面铸三圆相连形，印文朱文，字体战国古文，左起横读。印文内容为吉语。

## 『巽』贝币

战国

长1.6厘米，宽1.1厘米。

币此币面有铸造阴文一字，字体为战国古文。书写奇特。铭文释为『巽』，巽即巽，可读如『钱』，是楚借用原本为重量名为钱名。这种铜贝币是楚最流行的货币，旧称蚁鼻钱、鬼脸钱，系由海贝演化而来。

释文：巽。

## 「平阳」布币

战国

长4.6厘米，宽2.3厘米。

币平首、平肩、平裆，方足。面文『平阳』2字，铸造阳文，字体为战国古文。平阳，地名，韩曾在此建都，后迁郑，平阳为赵国所占。

释文：平阳。

## 『平阴都司工』鼻钮铜印

战国

燕国官印。铜质铸造，鼻钮，印面边长2.4×2.4厘米，通高1.6厘米。

印面有阴线边栏，印文白文，字体战国古文，右上起顺读。平阴都，战国时期燕国地名。司工，即司空，官名，掌建筑、工事、制造诸事。

## 『正行亡私』亭钮铜印

战国

私印。铜质铸造，亭钮，印面边长1.4×1.4厘米，通高1.5厘米。

印文朱文，字体战国古文，右上起顺读。印文内容为儆语。

## 『王间信鈢』鼻钮玉印

战国时期·楚国

私印。玉质琢制，鼻钮，印面边长 2.0×2.0 厘米，通高 1.6 厘米。

印面有阴线边栏，印文白文，字体战国古文，右上起顺读。

## 『节墨之法化』刀币

战国

长 18.6 厘米，宽 2.9 厘米。

币形如刀状，背弧形，柄端有环。面文『节墨之法化』5字，铸造阳文，字体为战国古文。背文『安邦』2字。节墨，今山东平度东南。公元前279年田单复齐，『节墨之法化』刀币就是铸于燕齐之战时。背文『安邦』是吉祥语。

释文：节墨之法化。

## 『重一两十四铢』环钱

战国

直径3.8厘米。

币圆形、圆孔，面文『重一两十四铢』6字，铸造阳文，字体为秦篆。两和铢是秦国衡制单位，一两等于24铢。《孙子算经》『称之所起，起于黍，十黍为一絫，十絫为一铢，二十四铢为一两，十六两为一斤』。钱文『重一两十四铢』相当38铢。

释文：重一两十四铢。

## 『上官郢』鼻钮铜印

秦

私印。铜质铸造，鼻钮，印面直径 1.5 厘米，通高 1.4 厘米。

印面有阴线边栏界格，印文白文，字体秦篆，回文式排列，右上起逆读。

## 『修武库印』鼻钮铜印

秦

官印。铜质铸造，鼻钮，印面边长2.3×1.9厘米，通高1.2厘米。

印面有阴线田字格，印文白文，字体秦篆，右上起交叉读。修武为秦置县，属河内郡，秦县属下管库之官为库啬夫。《汉书·地理志》河内郡下有修武县，应劭曰：『晋始启南阳，今南阳城是也，秦改曰修武。』

# 琅琊台刻石拓片

秦

墨纸，内纵87.2厘米，横78.5厘米。外纵174.8厘米，横78.5厘米。

篆书。秦始皇二十八年（公元前219年），始皇东巡所到之处多立石刻碑，以宣扬他的统一业绩。李斯为之书《琅琊台刻石》等刻石。琅琊台刻石是最可信的秦代传世石刻之一。琅琊台刻石刻于秦始皇二十八年（公元前219年），记述秦始皇殊功。二世元年所加刻辞，复刻诏书于其旁。至宋代始皇刻石已泯灭不存，仅存秦二13行，计80余字，用笔即雄浑又秀丽，为杰出的小篆代表作。此石原在山东诸城东南百六十里山上，残石现藏于中国国家博物馆。此轴拓本为阳阴二面，纸镶边裱，篆书。阳面较清楚，阴面字不清楚。『德』字清晰。有朱翼盦书『秦琅琊台整本』题签，并钤有『翼盦』印。

# 秦权

秦

高3.5厘米，直径4.7厘米。

清宫旧藏

器面有铭文14行40字。铭文凿刻阴文，文字书体为秦篆。铭文大意是：在二十六年，皇帝完全兼并了天下诸侯，民众得到大的安宁。建立名号为皇帝，于是诏命丞相状、绾，法定度量，规范不同，有疑虑的都以此判明统一。权是衡器。存世秦权上的铭文内容主要是秦始皇与秦二世的两篇诏书，在秦权上存有几种情况，一为单一的一篇诏书的内容；一为二世追刻、两诏同存；秦追刻铭文于战国权的极少见，目前所见仅为特例。此件秦权的铭文内容是廿六年秦始皇的诏书。秦权铭文为研究当时的文字书体提供了极为珍贵的第一手材料。

著录：《衡斋金石识小录》

释文：廿六年，皇帝尽并兼天下诸侯，黔首大安。立号为皇帝，乃诏丞相状、绾，灋度量，则不一，歉疑者皆明一之。

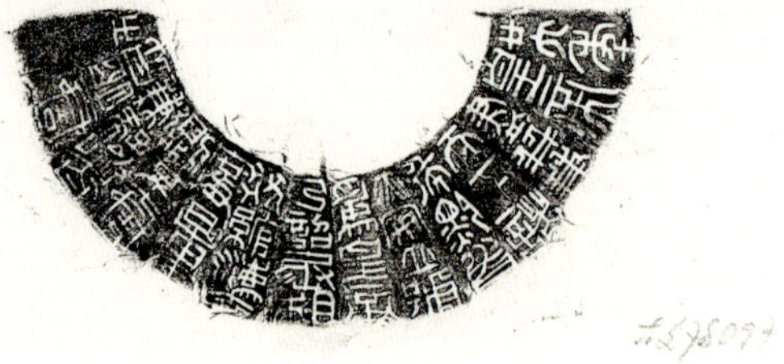

## 『长生未央』铜镜

西汉

直径15.3厘米。

镜圆钮，外缘素面，外区铸铭文1周29字，隶书体。铭文从右下部起顺读『炼冶铅华清而明，以之为镜宜文章，长年益寿吉而羊，与天汝乐而日月光』。此件铜镜的镜铭内容为汉镜常用的吉祥语句，文字有省笔，方折紧凑中显示出特有的铸痕，与同期其他类别器物上的铸刻文字有别。

释文：炼冶铅华清而明，以之为镜宜文章，长年益寿吉而羊，与天汝乐而日月光。

## 『见日之明』铭镜

西汉

直径13.6厘米，重268克。

圆形。圆钮，四叶纹钮座，钮座周围用铭文组成正方形，每边各二字。铭文外饰宽带纹及弦纹各一周，外区饰草叶纹及四乳丁。十六内向连弧纹组成平缘。草叶纹，是西汉时期铜镜上常见的一种纹饰，这类铜镜比较常见。

释文：见日之明，长毋相忘。

# 临辕侯虎符

西汉

原器高2.7厘米，宽8.0厘米。

虎符卧虎状，背上有错银铭文『兴临袁侯为虎符第二』2行9字，『兴临袁侯为』五字为半字，与另一半虎符上的文字合为整字。文字书体为篆书，规整流畅，错银工艺已达到了很高的水平。符是古代中央政府用于传达命令，调动军队的一种凭证，通常由左右两部分组成，一半由中央掌握，另一半由领军将领掌握，当两者合为一体时，即可证明指令。目前可知最早的符在战国时期出现，汉代已大量使用。符的形状多为虎状，故称为虎符。

释文：兴临袁侯为虎符第二。

# 杨量买山地刻石拓片

西汉

墨纸纵 118.5 厘米，横 51.7 厘米。

《杨量买山地记》，也称《汉巴州氏杨量买山地刻石》。隶书。此石刻于西汉宣帝地节二年（公元前68年），道光壬辰年（1832年）四川巴县出土。咸丰十年石毁。上刻5行27字。石不平，刻之草率。

此刻书体古拙，清方朔《枕经堂金石书画题跋》：『其字法结构浑朴，波磔劲拔，意居篆隶之间，与《五凤二年刻石》不相上下。』杨寿祺评曰：『其书法甚，字迹大小参差，确系两汉隶法，非后人所能及。』此轴绢镶边裱，有徐籀莊『杨量买山地刻石』题签，有徐同柏等题跋二段；并钤有『双谿竹堂图记』、『均初』、『郑斋金石』等印八方。

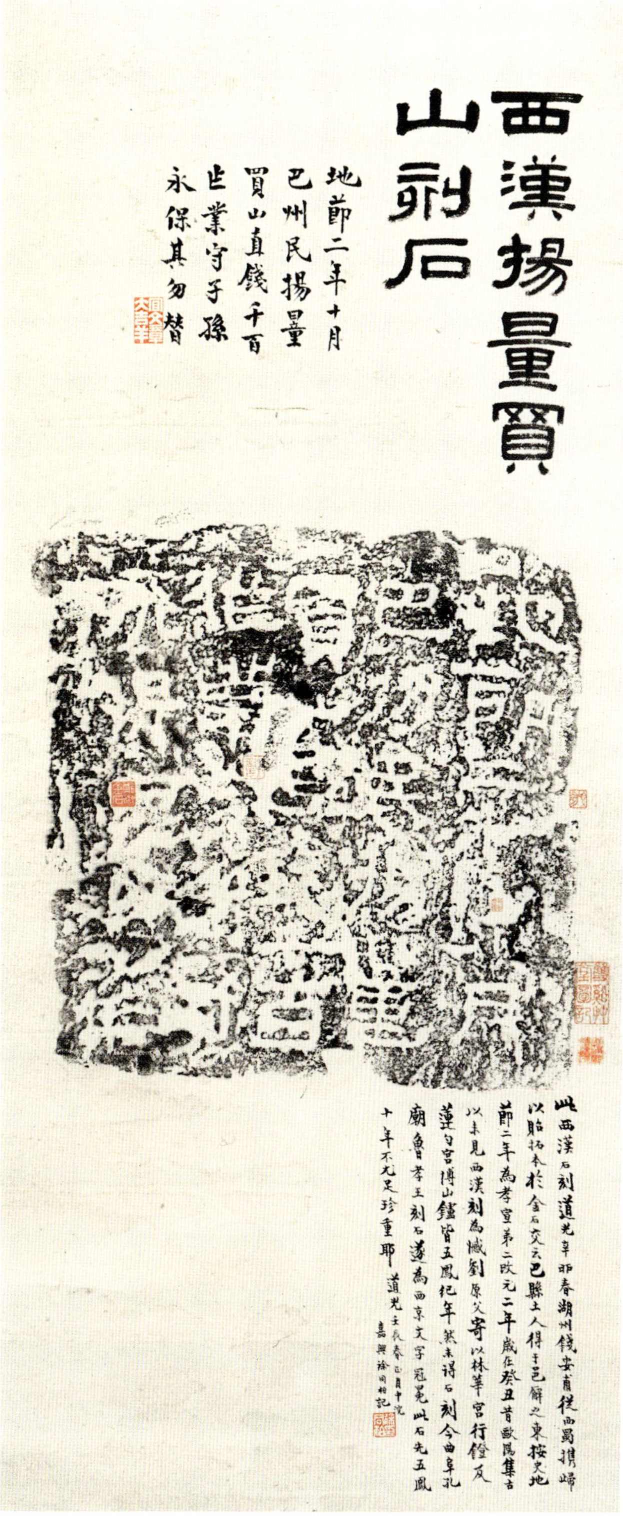
西漢揚量買山刻石
地節二年十月
巴州民揚量
買山直錢千百
𣐈業守子孫
永保其勿替
此西漢石刻道光辛卯春湖州錢安甫從西蜀攜歸
以貽拓本於金石交云巴縣土人得于邑廨之東按史地
節二年為孝宣第二改元二年歲在癸丑昔歐陽集古
以未見西漢刻為憾劉原父寄以林華宮行鐙及
蓮勺宮博山鑪皆五鳳紀年然未詳石刻今曲阜孔
廟魯孝王刻石遂為西京文字冠冕此石先五鳳
十年不尤足珍重耶 道光壬辰春正月中浣
嘉興徐同柏記

## 『杜子沙印』兽钮铜印

汉

私印。铜质铸造，兽钮，印面边长 1.6×1.6 厘米，通高 1.9 厘米。

印文白文，字体缪篆，迴文式排列，右上起逆读。

## 『海内皆臣』砖

汉

长30.5厘米，宽27厘米。

砖陶质，砖面『海内皆臣岁登成孰道毋饥人』3行12字凸起，篆书体。《汉书·食货志》『今海内为一，土地人民之众不避汤、禹，加以亡天灾数年之水旱』，又《东方朔传》『海内晏然，天下大洽，阴阳和调，万物咸得其宜；国无灾害之变，民无饥寒之色，家给人民，畜积有余。』

释文：海内皆臣，岁登成孰，道毋饥人。

# 「汉并天下」瓦当

汉

直径17厘米。

（瓦当陶质，当面「汉并天下」4字凸起，篆书体。）《汉书·贾邹枚路传》「夫汉并二十四郡，十七诸侯，方输错出，运行数千里不绝于道」，又《董仲舒传》「今陛下并有天下，海内莫不率服，广览兼听，极群下之知，尽天下之美，至德昭然，施于方外。夜郎、康居，殊方万里，说德归谊，此太平之致也」。

释文：汉并天下。

千
秋
万
岁

# 『田长卿印』『田破石子』两面铜印

汉

私印。铜质铸造，两面式，印面边长 1.4×1.4 厘米，厚 0.5 厘米。

一面印面有阳线界格，印文朱白文兼用，字体汉篆，双面皆右上起顺读。

## 『维天降灵』瓦当

汉

直径 17.9 厘米。

瓦当陶质，当面『维天降灵延元万年天下康宁』12字凸起，篆书体。《汉书·宣帝纪》『元康四年……三月，诏曰：「乃者，神爵五采以万数集长乐、未央、北宫、高寝、甘泉泰畤殿中及上林苑。朕之不逮，寡于德厚，屡获嘉祥，非朕之任」』。又『承天顺地，调序四时，获蒙嘉瑞，赐兹祉福，夙夜兢兢，靡有骄色，内省匪解，永惟罔极』。以自然现象附会神灵祥瑞。

释文：维天降灵，延元万年，天下康宁。

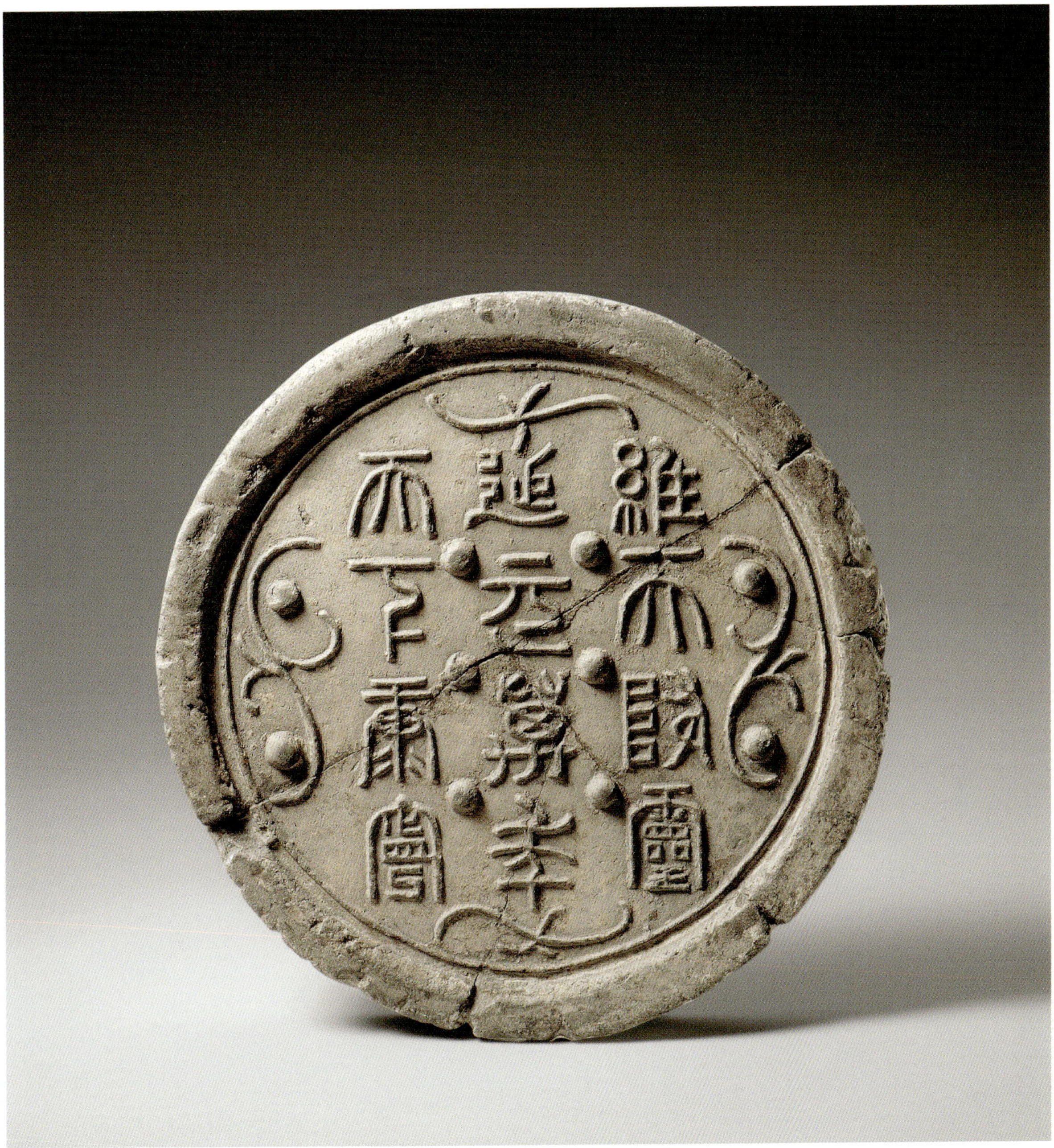
維天降靈
延元萬年
天下康寧

## 『武季来』『缪夫人』两面铜印

汉

私印。铜质铸造，两面式，印面边长 1.8×1.8 厘米，厚 0.7 厘米。

印文白文，字体汉篆，双面皆右起顺读。

## 『永受嘉福』瓦当

汉

直径 15.7 厘米。

瓦当陶质，当面『永受嘉福』4字凸起，缪篆书体。缪篆书体在汉代铜器和印章文字中时有所见。《汉书·礼乐志〈安世房中歌十七章〉》：『其诗曰：承帝明德，师象山则。云施称民，永受厥福。承容之常，承帝之明。下民安乐，受福无疆。』

释文：永受嘉福。

## 『张酉』两面铜印

汉

私印。铜质铸造，两面式，印面边长 1.5×1.5 厘米，厚 1.4 厘米。

一面印文白文，字体汉篆，右起顺读，另一面阴线刻鸟纹。汉代两面印，常见一面文字，一面图案。

## 『赵多』瓦钮铜印

汉

私印。铜质铸造，瓦钮，印面边长2.1×2.1厘米，通高1.5厘米。

印文白文，字体汉篆，右起横读。印文四边有青龙、白虎、朱雀、玄武四灵图案，此类图案在汉代较为常见，四神具有通神的含义。

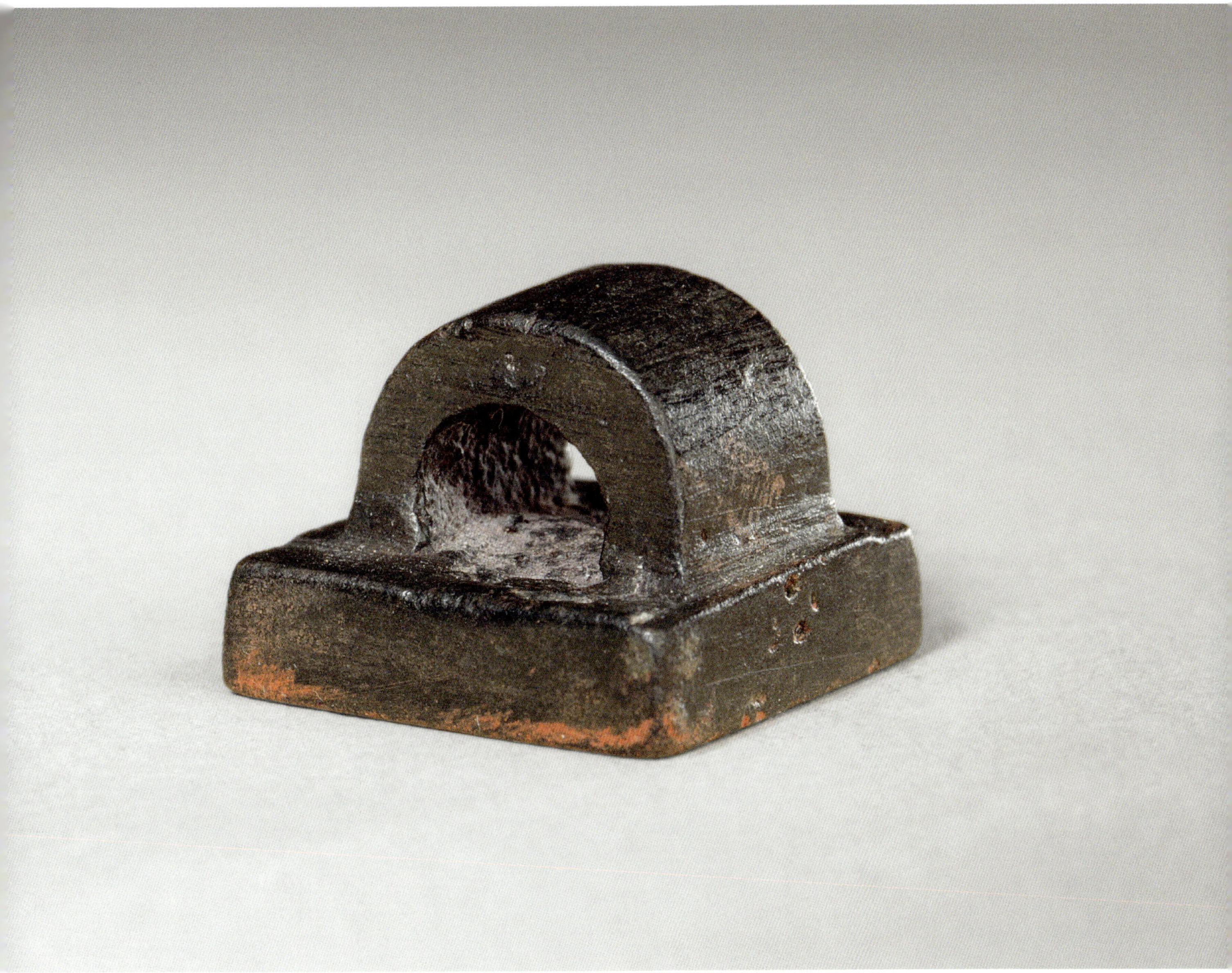

# 『子孙益昌』砖

汉

长32厘米，宽32厘米。

砖陶质，砖面『当乐未央子孙益昌』2行8字凸起，隶书体。砖铭各字间有凸起的格栏，砖面两侧有线条装饰。铭文中的『未央』为无穷无尽意，《汉书》郊祀歌第十八章：『灵殷殷，烂扬光，延寿命，永未央』。子孙益昌是常见的祈福用语。尊宗庙而安子孙，传于子孙，永享无穷之祚。

释文：当乐未央，子孙益昌。

富樂未央
子孫益昌

## 王氏昭镜

新莽

直径21厘米。

镜圆钮，钮座之外方格内铸铭文12字，篆书体，每边3字，右中间起顺读『子丑寅卯辰巳午未申酉戌亥』。外缘素面，内区铸铭文1周56字，隶书体。铭文从右下部起顺读『王氏昭竟四夷服，多贺新家人民息，胡虏殄灭天下复，风雨时节五谷孰。百姓宽喜得佳德，长保二亲受大福。传及后世子孙力，千秋万年乐毋极』。小字长铭，铸造极工整秀丽，饰纹繁缛华丽。

释文：子丑寅卯辰巳午未申酉戌亥。

## 熹平石经拓片

东汉

近拓本，线装，一册，隶书，20.5开，每开纵34厘米，横38.4厘米。

汉熹平石经残字。熹平四年（175年）至光和六年（183年），蔡邕、堂谿谷、马日磾等十余人书刻《周易》、《尚书》、《鲁诗》、《仪礼》、《春秋左氏传》、《公羊传》、《论语》七经，作为标准范本，有碑石四十六余块，二十万字，因系官方巨制，书丹者自当是如蔡邕一流的国手。立于洛阳城南开阳门外太学门外，原石早已毁佚，部分出土分藏于陕西博物馆等。其隶法严谨规范，雍容端正。

近拓本，线装，四册，有隶书题签：孙拓汉魏石经残字。

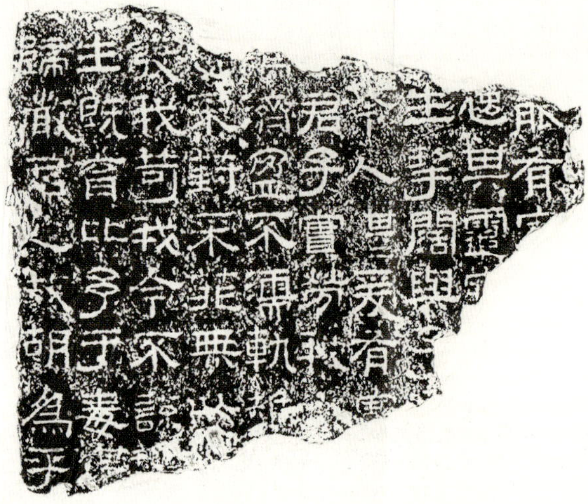

孫拓漢魏石經殘字

## 永和元年铭镜

东汉

直径9.7厘米，重198克。

圆形。圆钮，四叶纹钮座，钮外饰宽带纹一周，外围饰博局纹，上下饰虎纹，左右饰龙纹，近缘处饰弦纹、铭文各一周，宽缘上饰齿形纹一周。

铭文为『永和元年正月广武造，宜君王，长米用』15字。

铭文里的『永和』年号，当属东汉顺帝刘保之永和，『永和元年』为公元136年。

# 魏·正始三体石经

三国·魏·正始

原石存高 38 厘米，宽 32 厘米。

刻石存文11行110字，古篆、小篆与隶书体。三体石经史籍中原称「三字石经」，后称「魏石经」或「正始三体石经」，是三国时期魏正始二年刊刻的以《尚书》、《春秋》与《左传》为内容的石刻，三种书体刻同文。刊刻石经的主要目的是「台省有宗庙太府金墉故事，太学有石经古文先儒典训」，以弘儒训以重儒教。此外，石经文字有校正内容与书体之功用，《魏书·列传术艺》载「又建《三字石经》于汉碑之西，其文蔚炳，三体复宣。校之《说文》，篆隶大同，而古字少异」。又《魏书列传·游明根·刘芳》「昔汉世造三字石经于太学，学者文字不正，多往质焉」。此块刻石存文古篆36字，小篆39字，隶书35字，残文为《尚书·周书·君奭》内容。三体石经遗存的文字书体至今仍是研究文字与书法的直接而珍贵的实物资料。

释文：（残）嗣前（残）/施于（残）/天弗庸释（残）/受命时则有（残）/衡在大戊时（残）/家在祖乙时（残）/惟兹有陈保（残）/纯若命则商（残）/甸矧咸奔走（残）/若卜筮罔不（残）/嗣天灭威（残）/

## 魏处士陈郡鲍寄之神坐

三国·魏

青石。高30.5厘米，广7.8厘米。隶书体刻字。1列11字。

释文：魏故处士陈郡鲍寄之神坐。

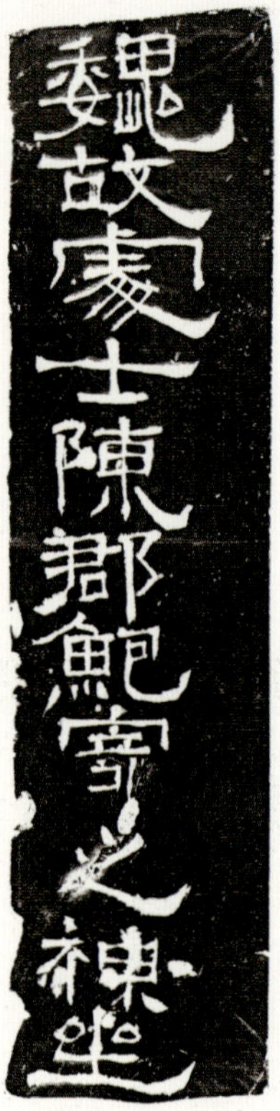

魏故處士陳郡熙亭之神坐

## 『刘龙印信』『刘龙』『顺承』辟邪钮铜套印

晋

私印。铜质铸造，辟邪套印，外印印面边长为2.4×2.4厘米，通高3.7厘米。

印文朱文，字体汉篆，右上起顺读及横读。

## 『伏波将军章』龟钮铜印

东晋

官印。铜质铸造，龟钮，印面边长2.2×2.2厘米，通高3.0厘米。

印文白文，字体汉篆，右上起顺读。伏波将军，武官名，始见于西汉，东汉及曹魏沿置，秩五品。晋以后为加官散官性质的将军，晋与南朝宋时亦五品，南朝梁时位列四班，陈为八品。北魏、北齐亦置，为从五品上，用以褒奖勋庸。

## 『严亮』『严道昕』『严亮白笺』『严亮言疏』『臣亮』『印完』柱钮六面铜印

晋

私印。铜质铸造，柱钮六面印，印面边长 1.9 × 1.9 厘米，通高 3.0 厘米。

印文白文，字体总体汉篆，『严亮』、『严道昕』、『臣亮』三面为悬针篆，分别横读及右上起顺读。

# 《大智度论》第五/第六

南北朝·北魏

内纵 25.1 厘米，横 342.5 厘米。外纵 25.1 厘米，横 342.5 厘米。纸本。

《大智度论》，略称《智度论》、《智论》、《大论》，是论释《大品般若经》的论书。古印度龙树著，后秦鸠摩罗什译，共一百卷，本卷仅是原著的一部分，是研究大乘佛教的重要资料。本卷首残，失标题。内容为五十五卷『释幻人听法品』的后半部分。检敦煌写经S 2942号《大智度论》卷第五十九第卅六品，笔迹是同一人。题记：『法师帛慧融，经比丘安弘嵩写。』安弘嵩出武威安氏，本安息胡人，汉时来归，以国为姓。本经书法为隶楷体，每每有一横画特长，起笔出尖锋，收笔无燕尾，中间有波势，竖笔外拓，结体紧密。这类峻拔、犷悍书风，常见于张掖、敦煌地区的北凉、西凉书迹中，如《沮渠安周造像碑》，故被称为『北凉体』。本卷虽无纪年，但据题记和书法可断为四世纪末、五世纪初所写，为该经早期汉译写本。

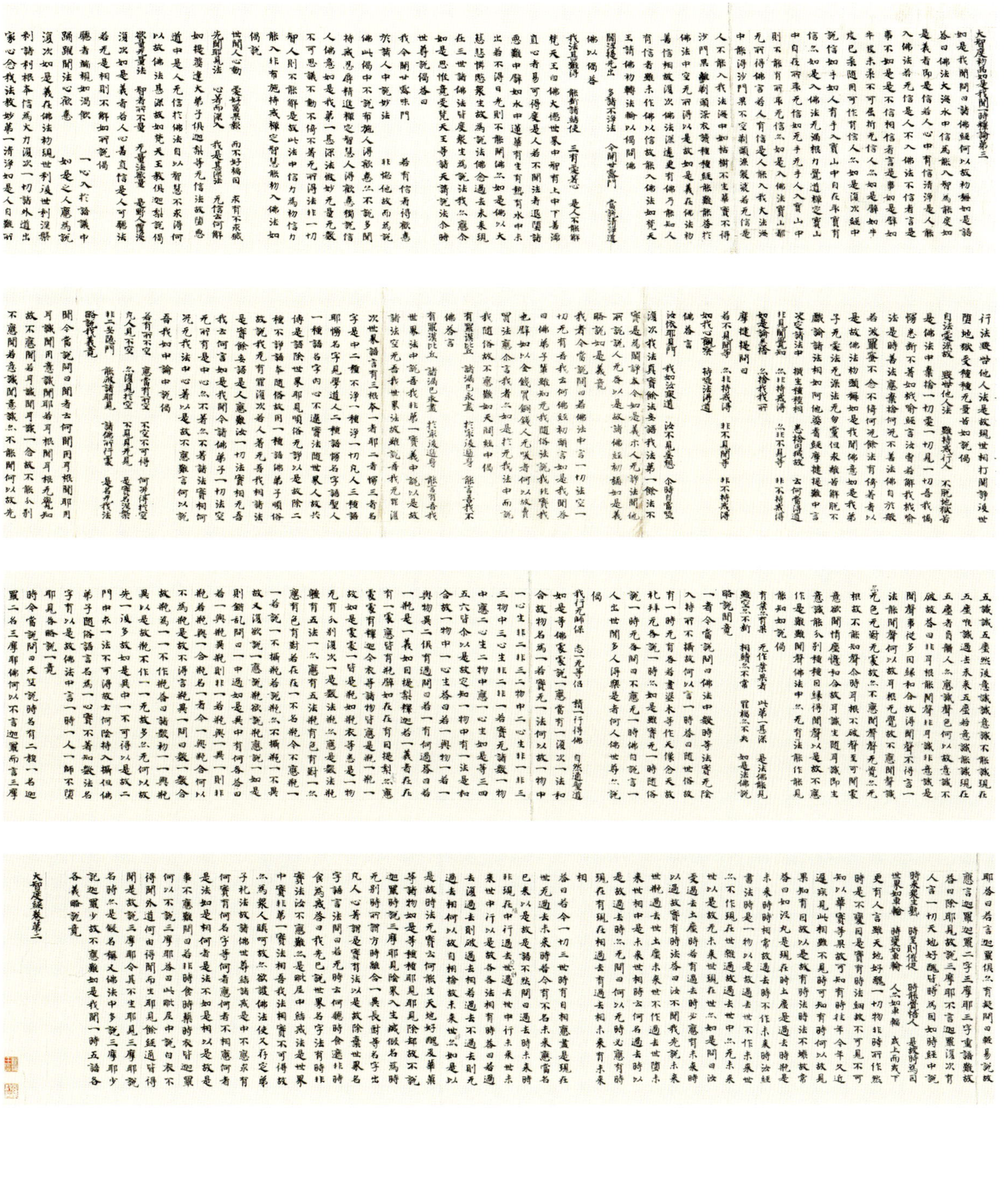

## 『亲赵侯印』马钮铜印

十六国时期

赵政权官印。铜质铸造，马钮，印面边长2.5×2.5厘米，通高2.2厘米。

印文白文，字体汉篆，右上起顺读。十六国时期有先后两个赵政权。公元307年，匈奴贵族刘渊在左国城称汉王，308年称帝，次年徙都平阳，又次年刘聪即位，于316年灭西晋。319年刘曜都长安，改国号为赵，史称前赵。公元319年，羯族石勒称赵王，329年灭前赵，次年称帝，建都襄国，后迁邺，史称后赵，351年灭亡。

## 范法子墓表

南北朝·高昌重光三年

砖高 36 厘米，广 36.7 厘米。朱书，6 行 37 字。

释文：重光三年壬午岁六月朔辛亥廿八日戊寅，故范法子追赠宣威将军，春秋五十六，殡葬斯墓也。

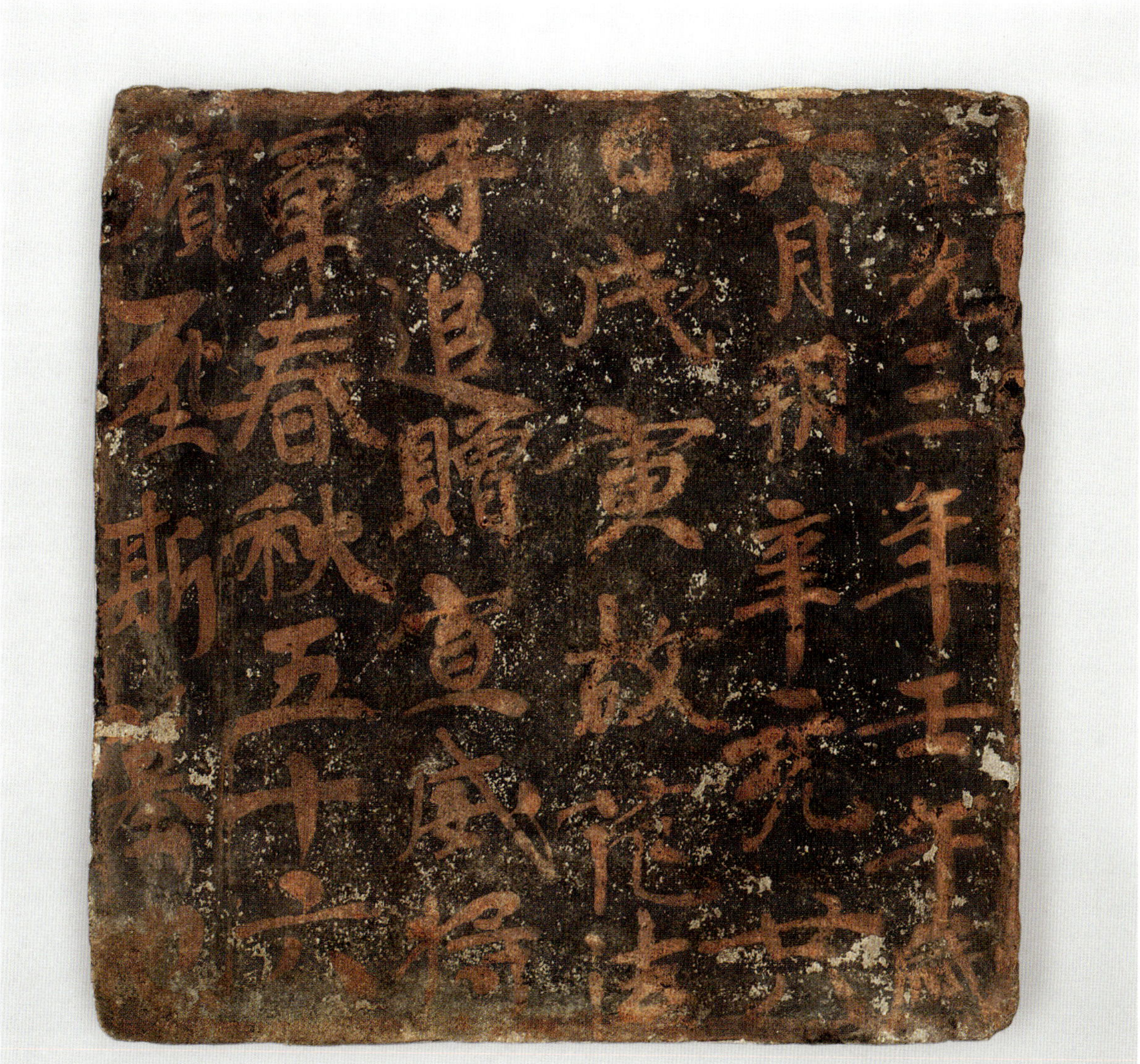

# 任显文墓表

南北朝·高昌延昌三十年

砖高 35 厘米，广 34.5 厘米。朱书，5 行 47 字。

释文：延昌卅五年乙卯岁十一月朔乙卯四日丁巳，镇西府虎牙将军，三门将索氏妻张孝，春秋八十有一，张氏夫人之墓表。

## 『中书省之印』环钮铜印

唐

官印。铜质铸造，高鼻钮，印面边长5.7×5.6厘米，通高3.9厘米。

印文字体叠篆，朱文，右上起顺读。印背楷书体刻款『中书省之印』。中书省，官署，魏晋始设，为朝廷掌管机要，发布政令机构，隋称内史省、内书省，唐复称中书省。唐代中书省为决策机构，门下省审议，尚书省执行，三省并为中央行政主干。印面文字以铜片叠成后，再与印身合焊而成整体，这是隋唐时期才出现的新的造印方法。隋唐以后，官印成为官署印，印身明显变大。

# 行书黄巢起义残片

唐

纵25.5厘米，横31厘米。外纵33.1厘米，横44.4厘米。纸本。

残片原为双层白麻纸，现已揭裱装册。正面抄写的是《妙法莲花经》中『观世音普门品』，残剩十五行。背面首起有残剩的一行经文。中间六行依次书写了从唐高祖到唐僖宗共十八位皇帝的庙号。后紧接三行便记黄巢起义事件，全文为：『乾符岁在甲午七月，黄巢于淮北起称帝，以尚让为承相，天下沸腾，改元广明元年，岁在庚子矣。』这段文字使我们确切得知了黄巢起义的时间是在唐乾符元年（874）七月，从而纠正和补充了新、旧《唐书》、《资治通鉴》、《平巢事迹考》诸书的错误和不足，对研究黄巢起义具有重要而可靠的史料价值。末尾两行仅残存『空』、『书』等数字。从书法风格上分析，正面经文工整严谨。背面文字笔迹较潦草，似不经意，结体瘦长紧结，转折处多硬折，具有晚唐特征。

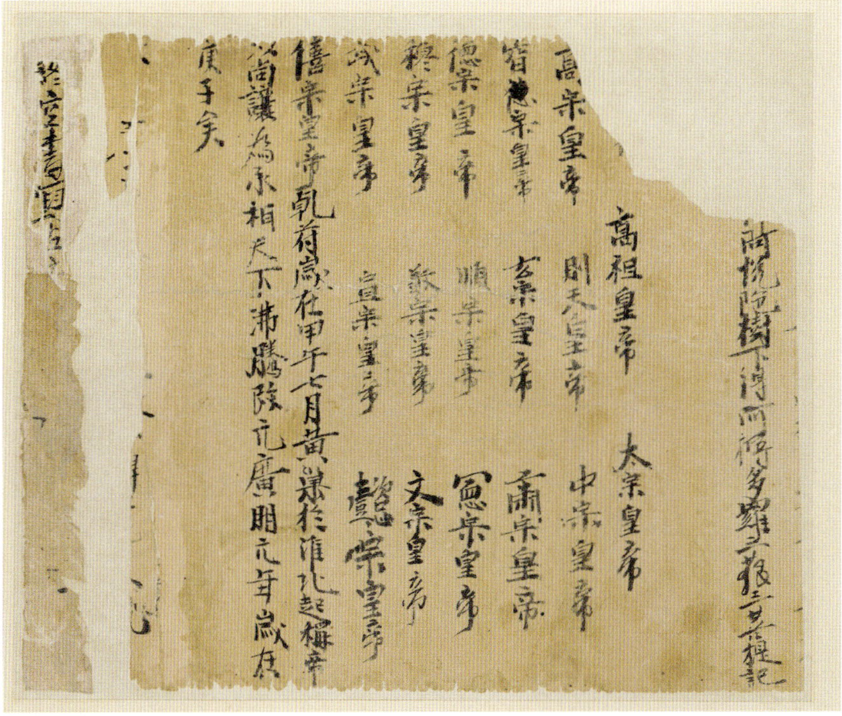

訶梨陀樹下得阿耨多羅三藐三菩提記
高祖皇帝　太宗皇帝
則天皇帝　中宗皇帝
玄宗皇帝　肅宗皇帝
順宗皇帝　憲宗皇帝
敬宗皇帝　文宗皇帝
宣宗皇帝　懿宗皇帝
高宗皇帝
睿宗皇帝
德宗皇帝
穆宗皇帝
武宗皇帝
僖宗皇帝乾符歲在甲午七月黃巢於淮北起稱帝
以尚讓為丞相天下沸騰陵元廣明元年歲在
庚子矣

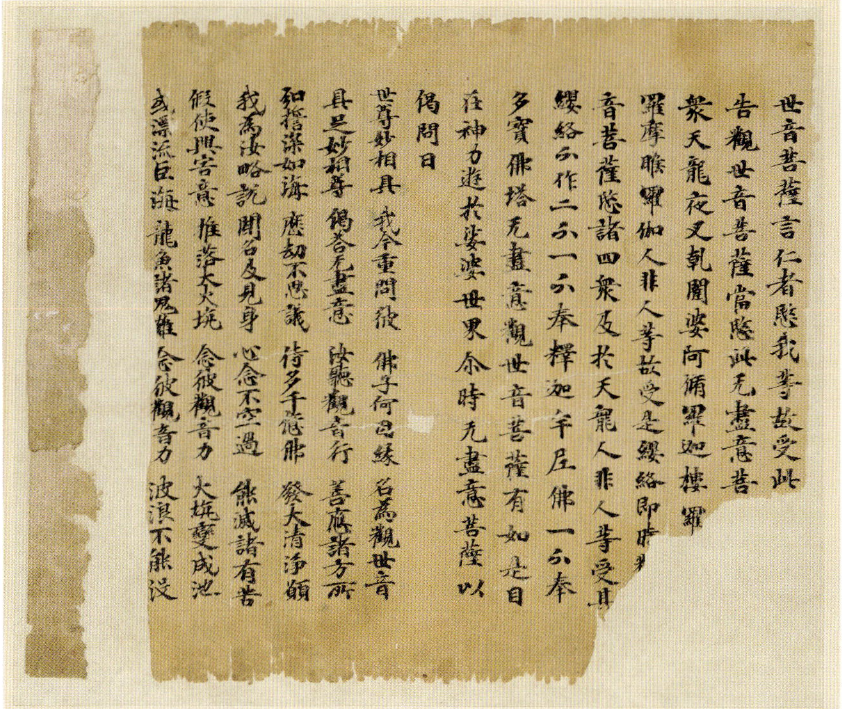

世音菩薩言仁者愍我等故受此
告觀世音菩薩當愍此无盡意菩
眾天龍夜叉乾闥婆阿脩羅迦樓羅
羅摩睺羅伽人非人等故受是瓔珞即時觀
音菩薩愍諸四眾及於天龍人非人等受其
瓔珞分作二分一分奉釋迦牟尼佛一分奉
多寶佛塔无盡意觀世音菩薩有如是自
在神力遊於娑婆世界尒時无盡意菩薩以
偈問曰
世尊妙相具　我今重問彼　佛子何因緣　名為觀世音
具足妙相尊　偈答无盡意　汝聽觀音行　善應諸方所
弘誓深如海　歷劫不思議　侍多千億佛　發大清淨願
我為汝略說　聞名及見身　心念不空過　能滅諸有苦
假使興害意　推落大火坑　念彼觀音力　火坑變成池
或漂流巨海　龍魚諸鬼難　念彼觀音力　波浪不能沒

## 匪鉴斯镜

宋

高 13.5 厘米，重 334 克。

钟形。钟顶上有一方环钮，底口处有一凸起圆枚，两侧各有铭文一行。

释文：匪鉴斯镜，以妆尔容。

## 宋木版印《赵城藏·阿差末菩萨经卷》

宋

纸本，纵 29 厘米，宽 960.2 厘米。

宋（金）木刻珍本。此卷《阿差末菩萨经》西晋月氏国三藏竺法护译，系赵城县广胜寺大藏经之一。1958年3月徐石雪捐赠。

1933年山西赵城县广胜寺（今属洪洞县）发现一部金代刻印的大藏经，开雕于金熙宗皇统九年（1149），完成于金世宗大定十三年（1173），卷轴装，每卷之首附装《释迦说法图》一幅，系金代解州天宁寺刻本。这部大藏经因其印本每卷卷首扉画有『赵城县广胜寺』的题字，故在发现之后就被佛教学界称名曰《赵城金藏》，略称《赵城藏》。《赵城藏》是我国第一部木刻本大藏经《开宝藏》的覆刻藏，因此，它也是至今发现的我国历史上最古老、最珍贵的大藏经版本。《赵城藏》收经总数近7000卷，是宋元时代各版大藏经中收录经籍最多的一种，其中46种249卷为历代大藏不收的稀世孤本。《赵城藏》发现时，经清理共4957卷，但后因战乱又有散失，1949年初收归北平图书馆，现存4892卷，珍藏于国家图书馆，与《永乐大典》、《敦煌遗书》、《四库全书》并称国图四大镇馆之宝。

故宫所藏《阿差末菩萨经卷第三》罪字号，当是《赵城藏》散失本之一。曾为周肇祥收藏，卷首钤『周肇祥曾护持』印，尾纸钤『百竟庵曾藏记』印。

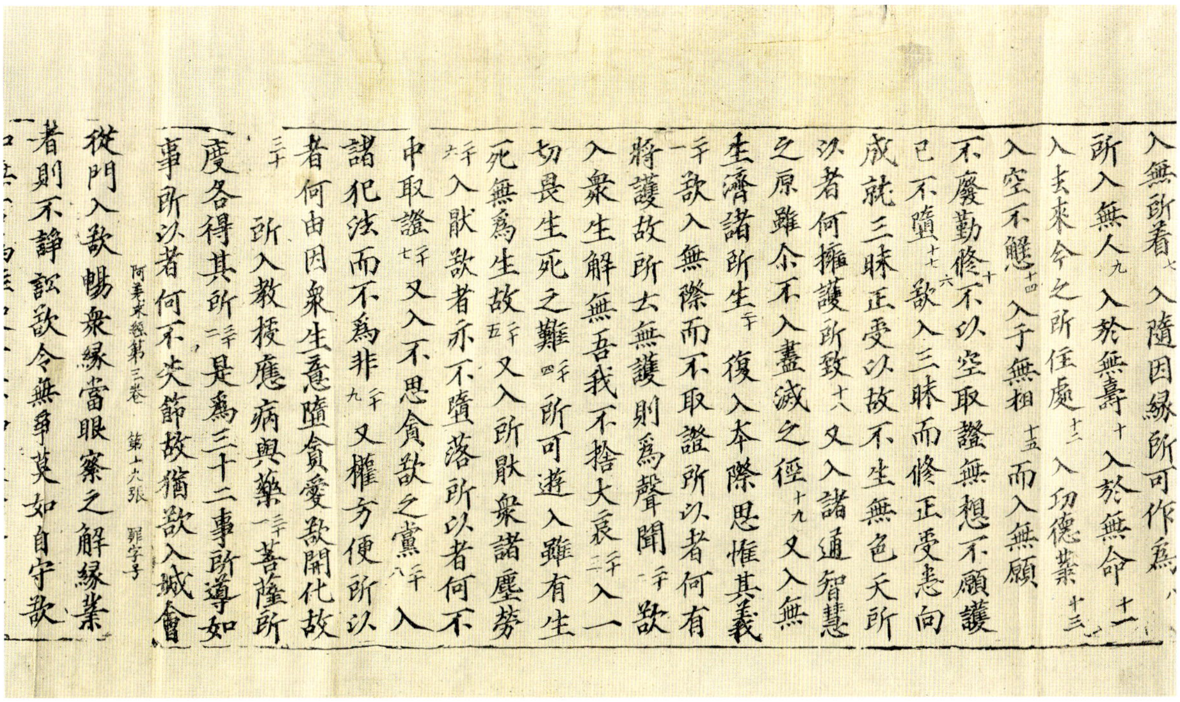

入無所着七 入隨因緣所可作爲八
所入無人九 入於無壽十 入於無命十一
入去來今之所住處十二 入功德業十三
入空不懈十四 入于無相十五 而入無願
不廢勤修十六 不以空取證無想不願護
已不墮十七 欲入三昧而修正受悉向
成就三昧正受以故不生無色天所
以者何擁護所致十八 又入諸通智慧
之原雖介不入盡滅之徑十九 又入無
生濟諸所生二十 復入本際思惟其義
二十一 欲入無際而不取證所以者何有
將護故所去無護則爲聲聞二十二 欲
入衆生解無吾我不捨大哀二十三 入一
切畏生死之難二十四 所可遊入雖有生
死無爲生故二十五 又入所猒衆諸塵勞
二十六 入猒欲者亦不墮落所以者何不
中取證二十七 又入不思貪欲之黨二十八 入
諸犯法而不爲非二十九 又權方便所以
者何由因衆生意墮貪愛欲開化故
三十 所入教授應病與藥三十一 菩薩所
度各得其所三十二 是爲三十二事所導如
事所以者何不失節故猶欲入賊會

阿差末經第三卷 第十六張 罪字号

從門入欲暢衆緣當眼察之解緣業
者則不諍訟欲令無爭莫如自守欲

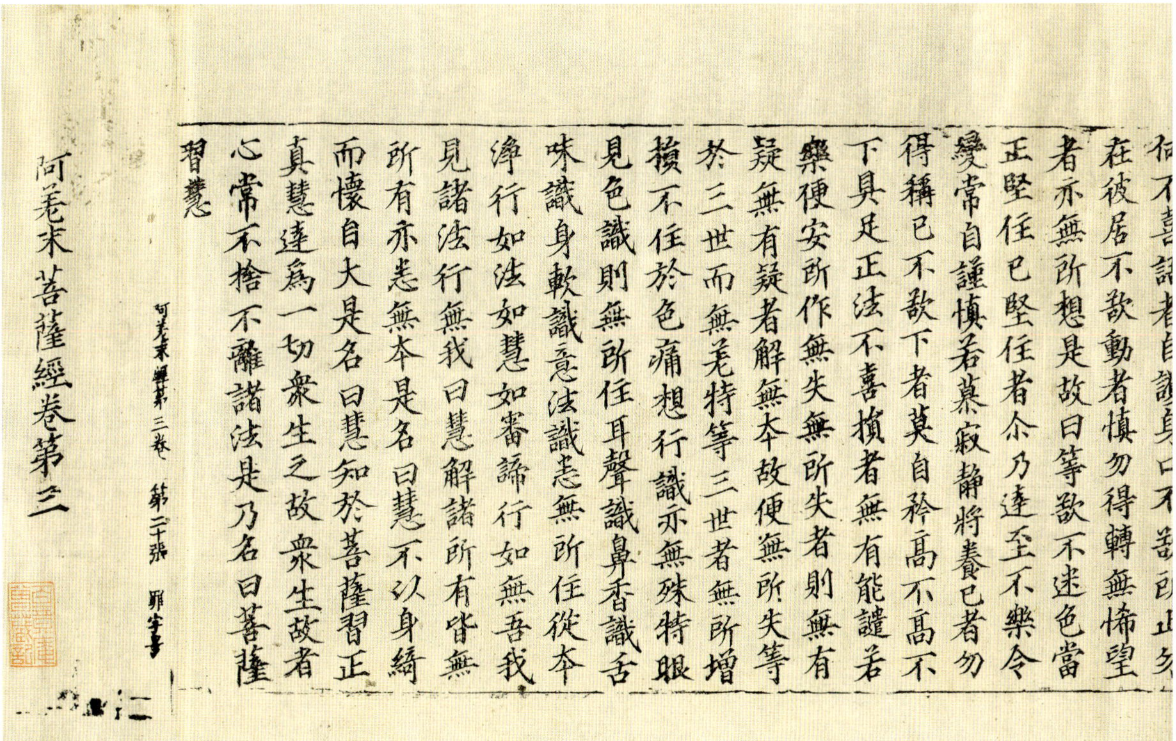

在彼居不欲動者慎勿得轉無悕望
者亦無所想是故曰等欲不迷色當
正堅住已堅住者介乃達至不樂令
變常自謹慎若慕寂靜將養已者勿
得稱已不欲下者莫自矜高不高不
下具足正法不喜損者無有能譴者
樂便安所作無失無所失者則無有
疑無有疑者解無本故便無所失等
於三世而無差特等三世者無所增
損不住於色痛想行識亦無殊特眼
見色識則無所住耳聲識鼻香識舌
味識身軟識意法識悉無所住從本
淨行如法如慧如審諦行如無吾我
見諸法行無我曰慧解諸所有皆無
所有亦悉無本是名曰慧不以身綺
而懷自大是名曰慧知於菩薩習正
真慧達爲一切衆生之故衆生故者
心常不捨不離諸法是乃名曰菩薩
習慧

阿差末經第三卷 第二十張 罪字号

阿差末菩薩經卷第三

## 宋沈枢辑《通鉴总类》

元

版框 25.1 厘米 ×17.9 厘米。

《通鉴总类》二十卷。宋沈枢辑，元至正二十三年（1363）吴郡庠刻本。是书辑录司马光《资治通鉴》之事迹，仿照宋《册府元龟》之体例，依时代为序，厘为二百七十一门，每门各以事迹标题。卷首扉页钤『五福五代堂古稀天子宝』、『八徵耄念之宝』等诸玺。为宫廷内流传有序的珍稀善本。

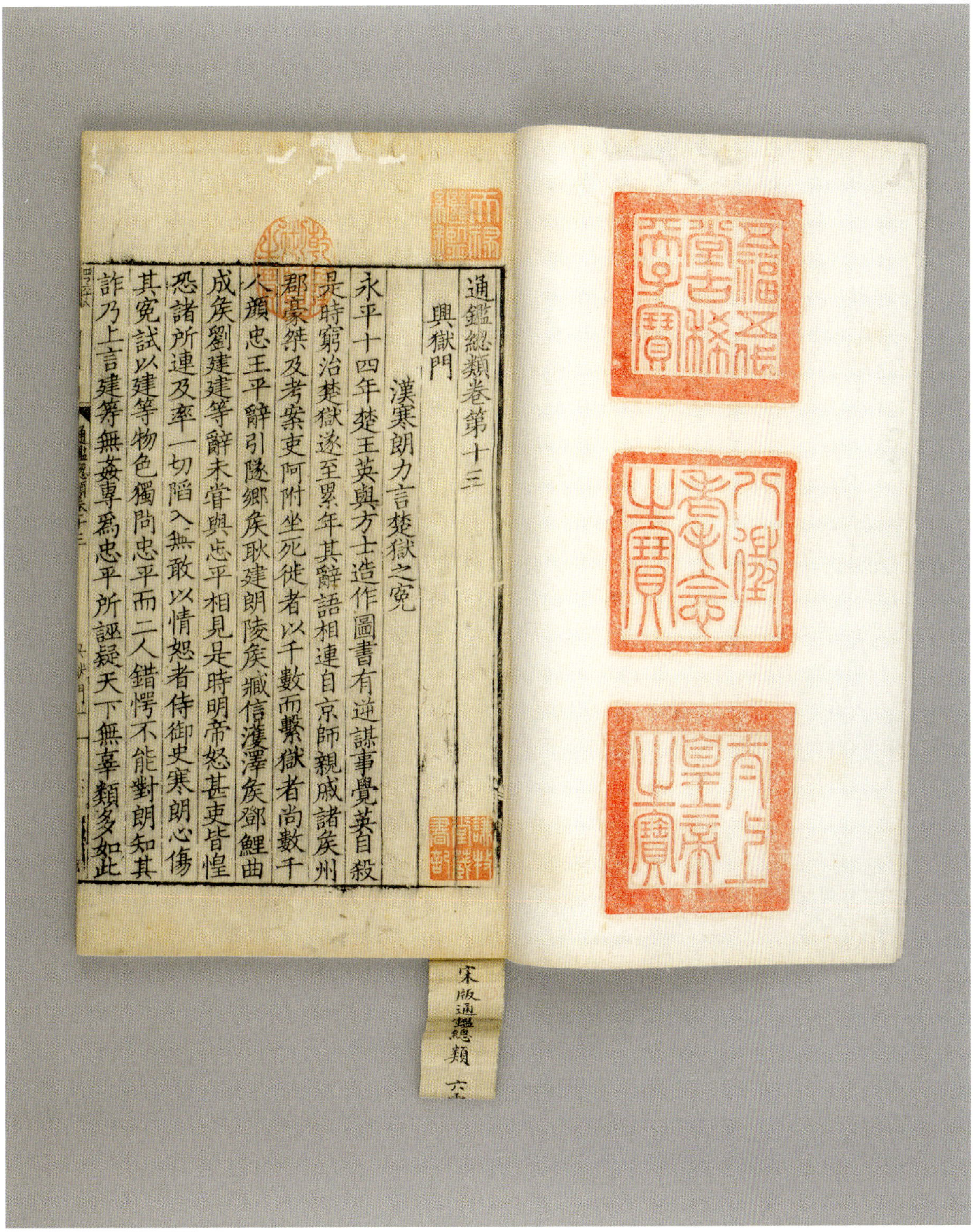

通鑑總類卷第十三

興獄門

漢寒朗力言楚獄之冤

永平十四年楚王英與方士造作圖書有逆謀事覺英自殺是時窮治楚獄遂至累年其辭語相連自京師親戚諸侯州郡豪桀及考案吏阿附坐死徙者以千數而繫獄者尚數千人顔忠王平辭引隧鄉侯耿建朗陵侯臧信濩澤侯鄧鯉曲成侯劉建建等辭未嘗與忠平相見是時明帝怒甚吏皆惶恐諸所連及率一切陷入無敢以情恕者侍御史寒朗心傷其冤試以建等物色獨問忠平而二人錯愕不能對朗知其詐乃上言建等無姦專爲忠平所誣疑天下無辜類多如此

## 银锭形柄钮铜押

元

私押。铜铸，柄钮，印面长2.5厘米，宽1.5厘米，通高1.5厘米。

印面中有八思巴字，上下排列，印面整体图案作银锭形。

## 元李廉辑《春秋诸传会通》

元

版框 20 厘米 ×13.6 厘米。

《春秋诸传会通》二十四卷 元李廉辑。元至正十一年（1351）虞氏明复斋刻本。为一部资料汇编性质的学术著作。全书收录宋代春秋学诸名家传注，汇为一编。文中李廉按语，精审周详，颇具参考价值。书首钤『天禄继鉴』、『乾隆御览之宝』诸玺。为宫廷收藏之善本。

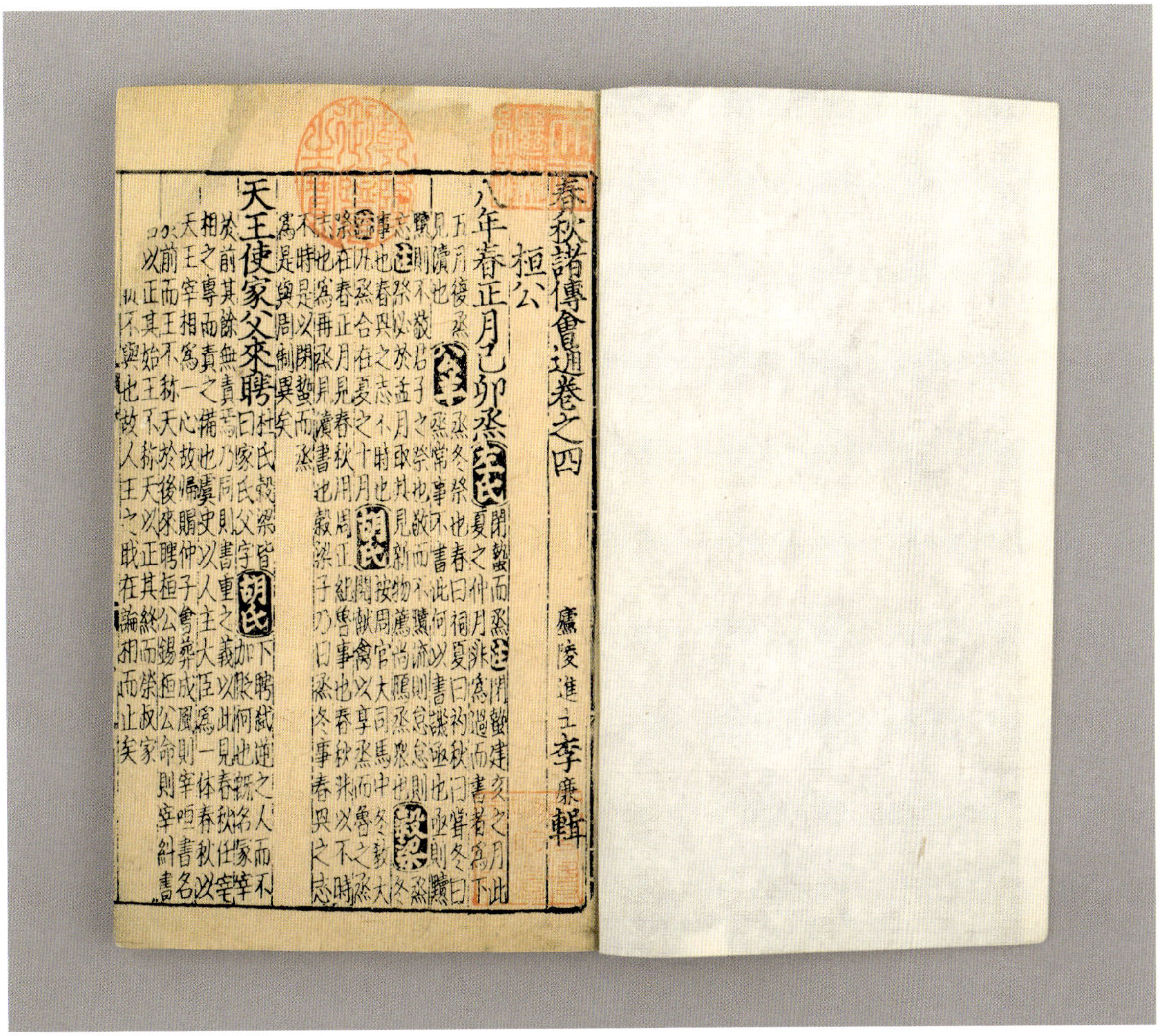
春秋諸傳會通卷之四
廬陵進士李廉輯
桓公
八年春正月己卯烝
天王使家父來聘

# 元泰不华篆书陋室铭

元

内纵36.9厘米，横113.5厘米。外纵37.2厘米，横143.5厘米。纸本，篆书。

泰不华（1304—1352），字兼善，号白野，蒙古族伯牙吾台氏，初名达普化，台州（今浙江临海）人。累官至浙东道宣慰使，追赠江浙行省平章政事，封魏国公，谥『忠介』。泰不华尚气节，不随俗浮沉。擅篆、隶、楷书，篆书师徐铉，后稍变其法，自成一家。本幅鉴藏印有『安岐之印』、『朝鲜人』、『佩裳宝藏』、『木头老子』等。前后隔水各有清罗天池题记一则，记录其重金购买此卷之事及对此卷的评价。此书是泰不华书唐代著名诗人刘禹锡所作《陋室铭》全篇。从落款可知此卷书于元至正六年（1346），时年泰不华43岁。其书兼善篆、隶、楷。篆法师宋徐铉，下笔多用方折，行笔圆活遒劲，结构疏朗工稳，末笔多作尖锋，即『悬针』笔法。此为迄今所见泰不华唯一的篆书真迹。作为一个少数民族文人，能写如此齐整秀逸的汉字古体实属难能可贵。此卷曾刻入《海山仙馆帖》。

释文：山不在高，有仙则名；水不在深，有龙则灵。斯是陋室，唯吾德馨。苔痕上阶绿，草色入帘青。谈笑有鸿儒，往来无白丁。可以调素琴，阅金经。无丝竹之乱耳，无案牍之劳形。南阳诸葛庐，西蜀子云亭。孔子云：『何陋之有？』至正六年正月廿八日白野兼善书。

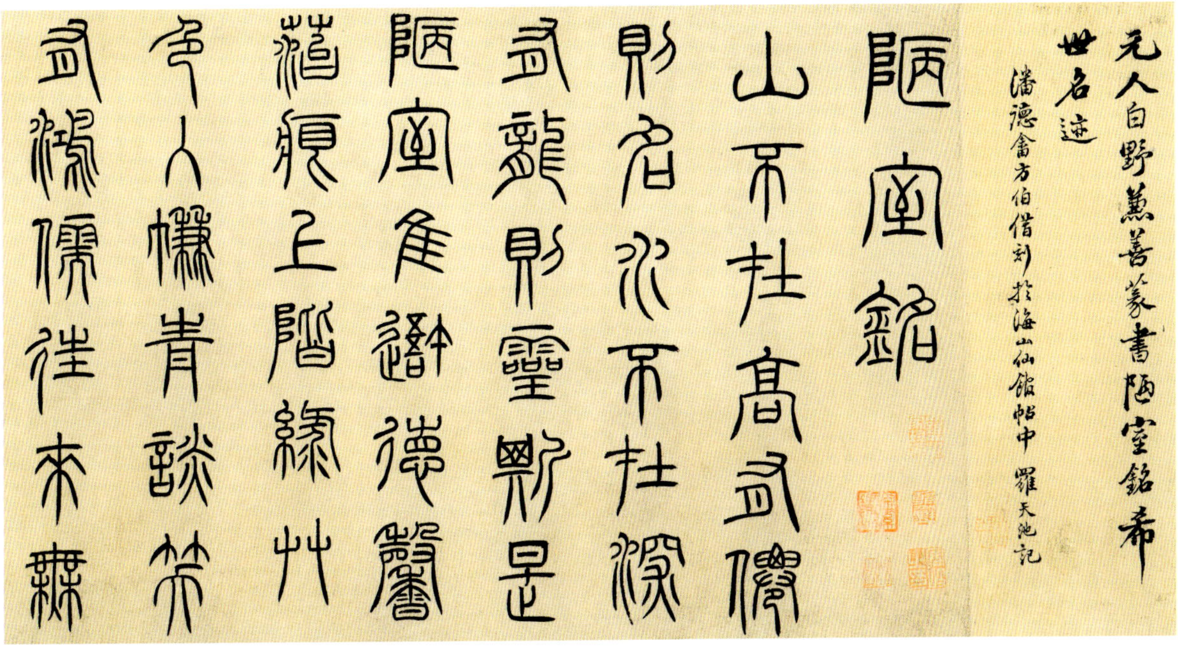

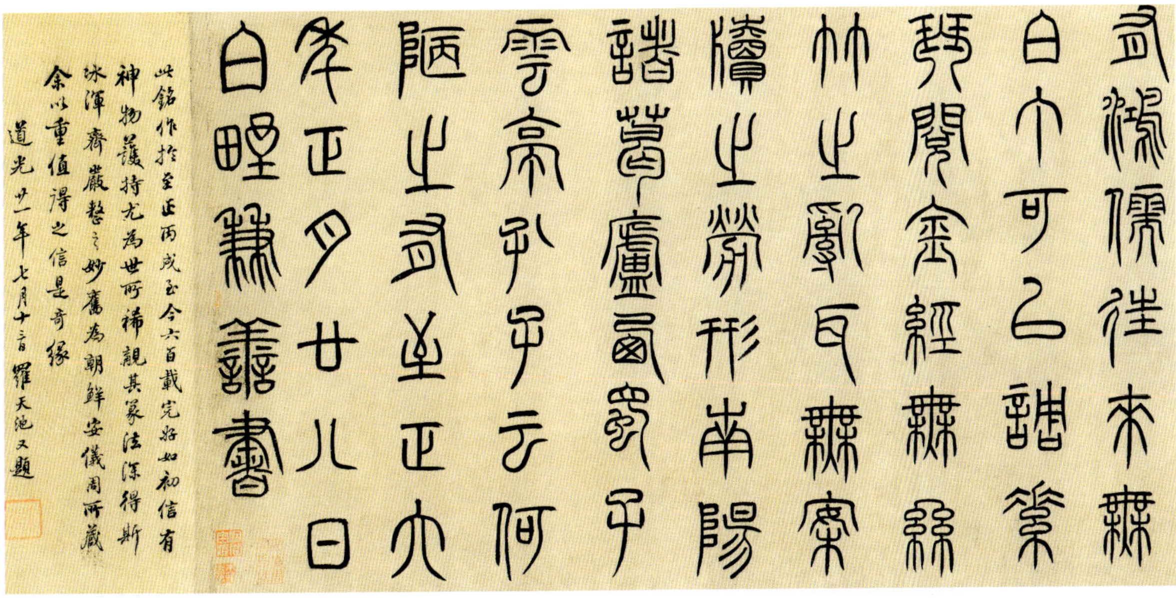

## 圆形鼻钮铜押

元

私押。铜铸，鼻钮，印面直径2.0厘米，通高0.9厘米。

细边栏，内有一花写押字，笔道宽重。

## 七言诗铭镜

明

直径8.7厘米，重63克。

八瓣菱花形。圆钮，周围饰七言诗一首，其外饰凸棱一周。

释文：云龙山下世宜春，放鹤亭前总乐辉，一色杏花红十里，状元归去马如飞。

# 剔红岁寒三友图圆盒

明

口径 17 厘米，通高 8.8 厘米。

盒蔗段式。通体绿漆刻锦纹地，以朱漆刻花，盖面雕松树、竹枝、梅花，绕石而上盼结成草书『福禄寿』三字。盒壁墨绿地上雕朱漆凤凰、仙鹤、四合如意云、海水江崖纹。盒内及底髹黑光漆，底部刻楷书体字填金『大明嘉靖年制』。

## 剔红松竹梅圆盒

明

口径 14 厘米，通高 24.7 厘米。

盒圆形、平面、圈足。通体黄漆为地，朱漆雕花纹。盖面雕寿石、灵芝，松竹梅组成的岁寒三友图，松竹梅盘石而上，至顶盘结成『福禄寿』三字。盒壁通雕云龙、海水江崖纹。盒内及底髹黑光漆，底部刻楷书体字填金『大明嘉靖年制』。

## 戗金彩漆花卉寿字盒

明

长 36.7 厘米，通高 12.3 厘米。

盒楷书狩字形，平盖面，通体髹朱漆为地，雕填彩漆戗金花纹。盒面正中为寿桃纹，上方为团龙捧寿桃，莲花托起一『圣』字，左右两侧灵芝上分别托起『卍』字，合『圣寿万年』之意，周围饰缠枝莲、杂宝纹。盒壁饰缠枝莲承托杂宝纹。底髹朱漆，中心刻楷书体字填金『大明嘉靖年制』。漆器以汉字作器型，始于嘉靖时期。

# 朱耷十三札册

明

纵24.6厘米，横15.1厘米。本幅7开，外纵30.4厘米，横41.3厘米。纸本，行草。

朱耷（1624/1626—1705），明宗室宁献王朱权后裔，封藩南昌，遂为江西南昌人。清顺治五年（1648）落发为僧，法名传棨。一生字、号、别号甚多，有个山、驴屋驴、人屋等。康熙二十三年（1684）始号八大山人。坎坷的命运影响着他的人生观及艺术创作思想，其绘画作品中多寄托着对清王朝的痛恨，对明王朝的眷恋之情。山水画在宗法元黄公望平淡天真和明董其昌润泽秀逸的基础上形成了自己古拙奇特、劲拔荒率的艺术风格。花鸟画在参照明代沈周、徐渭等文人画法的同时，又融入自己强烈的主观意识，注重鱼、虫、禽等物象的人格化表现，以象征手法表达隐晦的寓意。晚年署款将自己的号「八大山人」四个字以草书体连缀写，似「哭之」、「笑之」，借此暗寓他面对富于戏剧性变幻的人生，哭笑不得，百般无奈的感慨之情。他与同为明遗民画家的石涛、弘仁、髡残合称「清初四僧」。书法宗王献之、颜真卿，淳朴圆润，自成一格。朱耷中晚年，在书画作品款署中多使用「八大山人」。此册集朱耷所书信札十三通装裱成册，故又称《十三札册》。每札均有作者题名「八大山人」，大部分钤有「八大山人」印，其中第四札钤「八还」印，第五札钤「十得」印，第十札钤「遥属」印。此十三札有六通上款「鹿村先生」，六通「西翁」，一通致「僧舍方丈」。实际上都是致好友方士琯的，方氏为八大的书画资助人和代理商，故札中所述多为友人间往还之事，其中不乏奉画、饮宴之约，借钱、谢赠等事，从中可以窥见八大山人当时生活的一个侧面，具有重要的文献价值。从书法风格及落款形式分析，此十三札大致为朱耷晚年之作。末开附清李葆恂题识四则。钤「李文石」、「臣葆恂印」、「文石」、「葆恂」、「文石父」等印多方。又册中第四札裱边有游悔庐主人题诗一首。

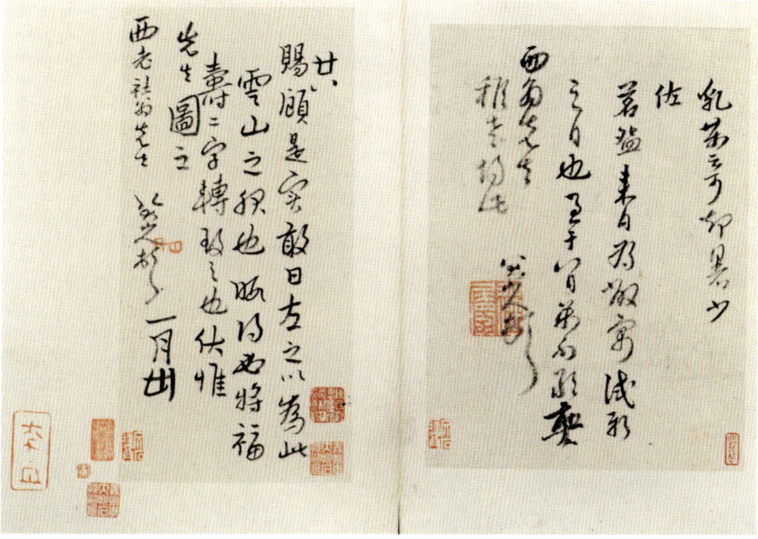

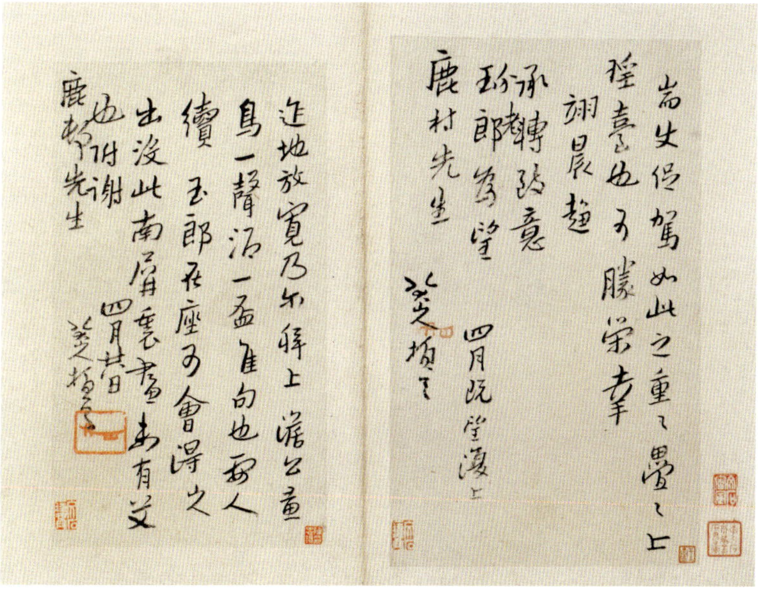

# 歙石眉子抄手砚

明

长 24.9 厘米，宽 15 厘米，高 9.7 厘米。

砚为长方形，呈抄手式。砚堂平阔，上端深凹为砚池。砚面隐现眉子纹理，横斜分布自然天成。砚侧题行书砚铭：『涩不留笔，滑不拒墨。爪肤而縠理，金声而玉德。厚而坚，足以阅人于古今。朴而重，不能随人以南北。苏轼。』并『子瞻』印。

歙石又称龙尾山石，古属歙州，故名。在今江西婺源龙尾山西麓武溪一带。自唐宋时期开采为砚，至清乾隆时期，几经开采，成为内廷贡砚。歙石以质坚细腻，益发墨为贵。此砚石质光滑细润，通体分布眉子石肌纹理，为歙石特有的石品特点。砚署苏轼砚铭，应为后人假托。

## 隆庆王云川铭镜

明

直径 13.2 厘米，重 537 克。

圆形。圆钮，钮下饰八乳丁及弦纹一周，周围饰博局纹、兽纹及弦纹二周，钮左右两侧各有一纵行铭文，宽缘，上饰兽纹一周。

释文：隆庆戊辰三月江西省铸荆溪王云川记。

盛名。王羲之（321—379，一作303—361），字逸少，琅琊临沂人（今山东）。官至右军将军，会稽内史，人称『王右军』。善书，诸体具精，书风妍美流畅，清秀劲健，被后世尊为『书圣』。此帖经专家研究，认为非王氏真迹，为古代摹本，但因王氏真迹久佚，临摹者又勾摹极佳，故仍被世人重视。墨迹本入清宫前曾经宋绍兴府贾似道，元张德谦、张晏，明冯铨、吴廷等鉴藏，有历代名人题跋及收藏印。真迹现藏台北故宫博物院。《中秋帖》书法古拙肥厚，自然生动，以前一直被认为是王献之的名作，经专家考证，定为后人对其《十二月个割帖》的节临，书风似米芾。王献之（344—386），字子敬，小字官奴。王羲之第七子，官至中书令，人称『王大令』。工书，行、草尤精，并自创新格，与其父并称『二王』。该帖曾经宋代宣和、绍兴内府，明项元汴，清内府收藏，钤收藏印，卷后有明董其昌、清高宗弘历的题跋。墨迹曾流传去香港，1951年中国以重金将其与王珣《伯远帖》一起赎回，藏于故宫博物院。《伯远帖》是王珣的存世书法孤本，也是二王书法系统的墨迹原件。王珣（350—401），字元琳，小字法护，琅琊临沂人。王导孙，王洽之子。善书。此帖字体结构严谨，笔法劲力挺拔。曾经北宋宣和内府收藏，又明、清两代董其昌、安岐等人递藏，清乾隆年间入内府。清亡后由溥仪携出宫去，流落民间。20世纪40年代末，是帖与《中秋帖》皆流入香港，被典给一家外国银行，典当期满，中国政府以重金购回，保存于故宫。《三希堂法帖》承继了《淳化阁帖》、《大观帖》的体例，也是继其后最大型的一部法帖，卷帙之丰，为历代法帖之冠。其编次审慎，力矫《淳化阁帖》王著次序颠倒之弊。摹镌优秀，水平一流，保持了原墨迹字体的神韵。但其真伪杂糅，为人责难。如此宏大规模的法帖问世，与清高宗弘历喜好文墨书画有着不可分割的关系。《三希堂法帖》是中国书法艺术的巨制，气势恢弘，规模浩大。为研究魏晋至明一千余年楷、行、草书的演变，各时代的风格、流派特点提供了系统的资料，为后世保存了祖先创造的灿烂文化，实贵为珍宝。此处展览的是《三希堂法帖》的第一册，刻有乾隆皇帝弘历特谕，并收录钟繇《荐季直表》及王羲之的《快雪时晴帖》、《行穰帖》、《瞻近帖》等。前后附页为明黄色纸洒金，木面所刻帖名填黄色，拓本镌刻精美，墨可鉴人。

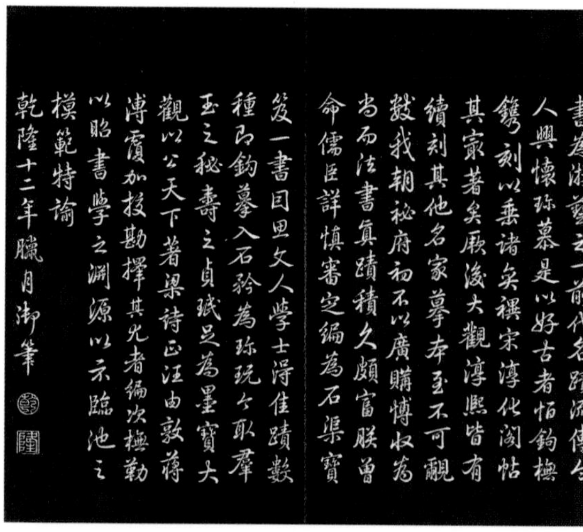

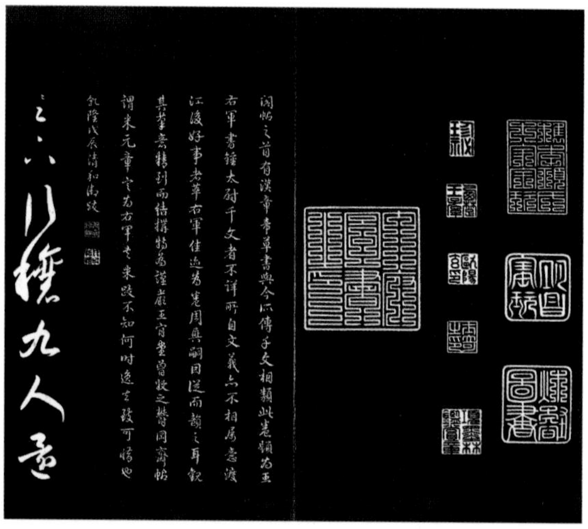

# 三希堂法帖

清

拓本 33 开，墨纸半开尺寸纵 30.3 厘米，横 17.6 厘米。

紫檀木面，经折装。全称《御制三希堂石渠宝笈法帖》。是乾隆初年宫廷编刻的一部大型丛帖。乾隆十二年（1747）腊月清高宗弘历特谕，由梁诗正、汪由敦、蒋溥等大臣根据乾隆九年弘历命内直诸臣按内府所藏书画编成的精品目录《石渠宝笈》选择、校勘、编次，著名刻手宋璋等人镌刻的。高宗皇帝得王羲之《快雪时晴帖》、王献之《中秋帖》、王珣《伯远帖》墨迹三种，爱不释手，藏于故宫养心殿西间，并称其所藏之室为『三希堂』。『三希堂』位于故宫西路养心殿内，是养心殿西暖阁隔出来的一个小小的雅室，为高宗皇帝的书斋。室内悬挂着高宗御笔『三希堂』横批及『怀抱观古今』、『深心托豪素』的对联。窗棂上的御笔《三希堂记》阐明了将此室改名的原因。《三希堂法帖》除收入上述三帖外，还据《石渠宝笈》选取了魏晋至明末一百三十五位书家的三百多件作品，另有题跋二百多段，印章一千六百余方。全帖共四百九十五块刻石，历时六年完工，乾隆十八年（1753）于北海建造阅古楼藏。道光十九年（1839）清朝廷曾对阅古楼及刻石进行了整修，将二寸以下的小字和印章全部剔剜，并加刻了花边。《三希堂法帖》共三十二卷，分刻三十二册，八函装。初拓本采用清宫廷制作的连四纸和乾隆御制墨『乌金拓』。『连四纸』是宋、元时产于福建省邵武、江西铅山等地的纸张，以嫩竹为原料，经石灰处理后，漂白打浆，以竹帘捞取，晾干后成纸，纸质洁白细腻。清代有机制连四纸问世，用洁白的化学浆，手工捞制而成，带有竹帘纹路。清代的御制墨一般由内务府造办处墨作所造，『乌金』即墨的别名，这里的『乌金拓』，表示墨色浓重均匀，富有光泽，乌光闪亮。《三希堂法帖》初拓本多配木面（紫檀或楠木），经折装裱，以与封面同样的木料制匣盛之。道光十九年（1839）以后的拓本，除拓有增刻的花边外，墨色较淡，用擦拓法，较初拓粗糙。王羲之的《快雪时晴帖》是致『山阴张侯』的一封信札。书法精美，颇负

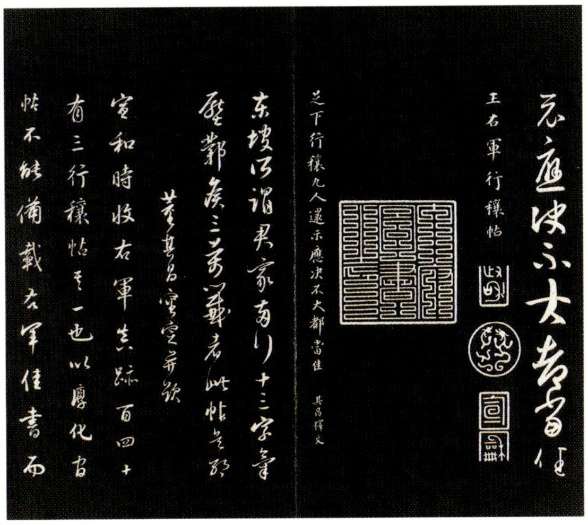

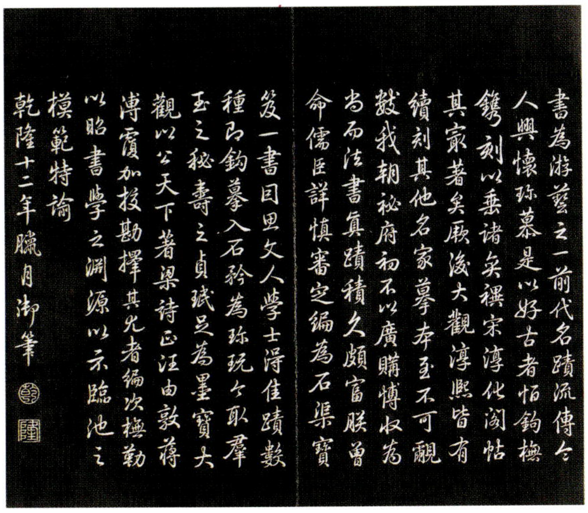

# 顺治年间时宪书

清

版框22.5厘米×19厘米。

《大清顺治二年七政经纬躔度时宪历》一卷。清钦天监编。清顺治元年（1644）钦天监刻本。清朝定制每年十月初一日颁行次年历书。七政即水、金、月、地、火、土、木七个在一定轨道上运行的星体。躔度即是用以标志日月星辰在天空运行的度数。古人把周天分为60度，划分若干区域，以辨别日月星辰的方位。顺治元年元月，汤若望上书，以西洋新法推算本年八月初一日将发生日食，届时验证，分秒不差，而同时参与预测的大统、回回两种历法均存在较大误差。由此，汤若望深受清宫信任并被重用，当年十一月，即命其任钦天监监正，负责推算制定新历和预测天气等事宜。顺治元年七月初二，清廷采用汤若望以西洋新法所修之历法，并由多尔衮建议，易名为时宪以符合朝廷『宪天忼民』的至意。第二年正式颁行全国。时宪历是我国历法几经改革后，较为科学近于完善的一种历法。此书开本宽大，字体疏朗。

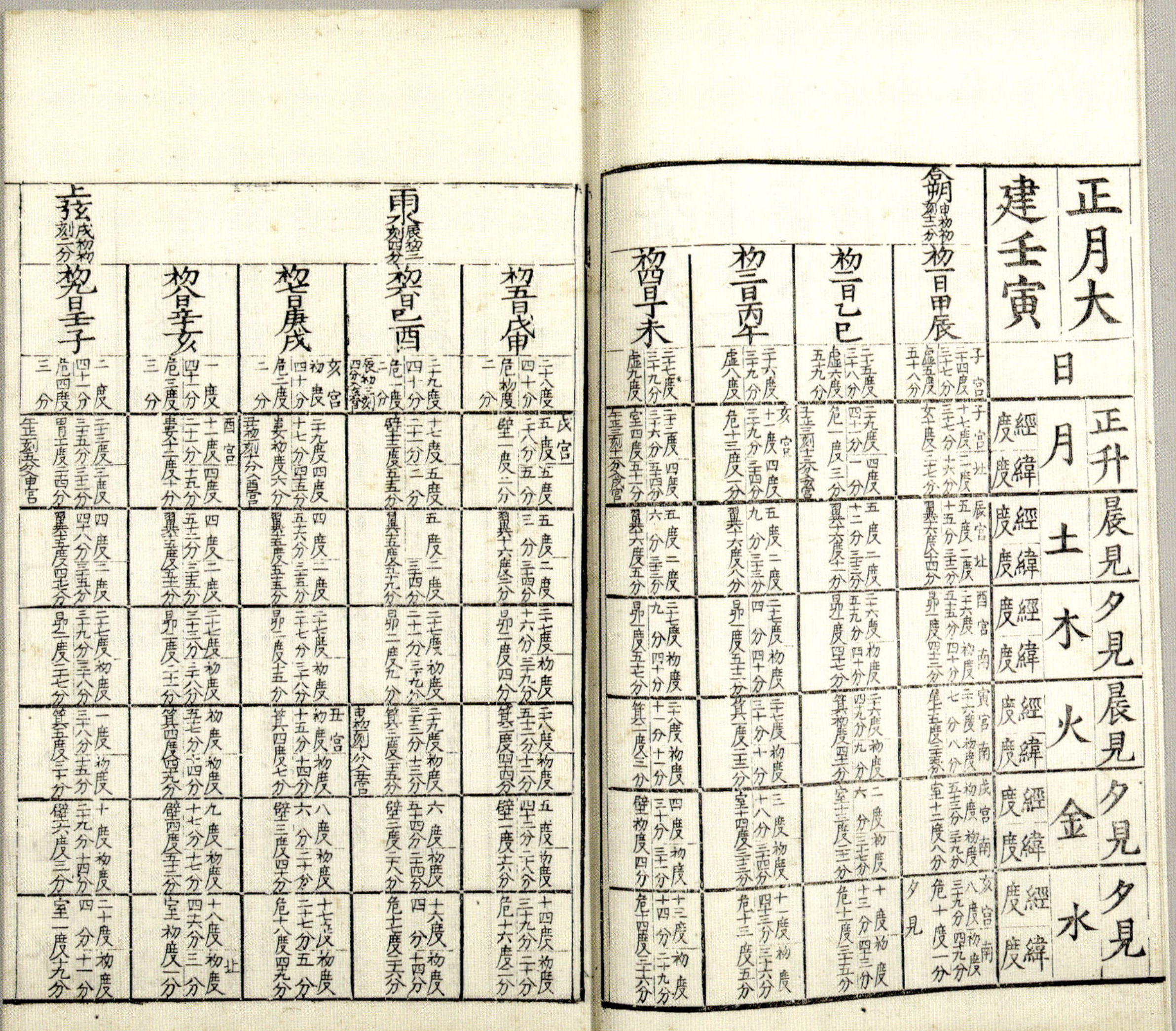
正月大
建壬寅
日 月 土 木 火 金 水
正升 晨見 夕見 晨見 夕見 夕見 夕見
初一日甲辰
初二日乙巳
初三日丙午
初四日丁未
初五日戊申
初六日己酉
初七日庚戌
初八日辛亥
初九日壬子
雨水
上弦

## 『三希堂精鉴玺』虎螭钮玉玺

清

玺面长 4.0 厘米，宽 2.2 厘米，通高 1.9 厘米。

青玉质，虎螭钮长方形玺，朱文，篆书体，六字两列。三希堂在紫禁城内养心殿东暖阁，因藏有王羲之《快雪时晴帖》、王献之《中秋帖》、王珣《伯远帖》的稀世珍宝而得名，三希堂成为艺术品的典藏之地。乾隆和嘉庆时期编纂《石渠宝笈》初编、续编、三编后，凡经著录的古代书画都要钤盖此印。

## 『文津阁』云龙钮白玉玺

清

印面长4.4厘米，宽2.9厘米，通高5.8厘米。

白玉云龙钮。乾隆皇帝组织纂修的《四库全书》，34000余种，36000余册的大书，藏于历时17年建造的『北四阁』和『南三阁』中。其中，『北四阁』藏书不对外开放，『南三阁』藏书面向广大士子开放，可到其阅览抄写。

此印为云龙钮长方形，篆书。『文津阁』位于热河（今河北承德）避暑山庄内，建于乾隆三十九年（1774）。『文津阁』宝与『古稀天子之宝』、『犹日孜孜』印为一组印，同贮于木匣。乾隆四十五年（1780）乾隆七十圣寿之时制作。『古稀天子之宝』、『犹日孜孜』印是乾隆晚年经常使用的宝玺，乾隆下令制造了几十方『古稀天子之宝』、『犹日孜孜』宝玺，与不同的宫殿组合成组印，这只是其中的一组。存文津阁书籍，钤『文津阁宝』、『避暑山庄』、『太上皇帝之宝』印。

## 『文溯阁玺』交龙钮青玉玺

清

印文 12.7 见方厘米，通高 9.5 厘米。

玉质交龙钮方形玺，篆书。文溯阁位于沈阳故宫。沈阳故宫建于后金天命十年（1625），建成于清崇德三年（1636）。文溯阁建于乾隆四十七年（1782），专为存放《文溯阁四库全书》而建，另有《古书图书集成》亦存于阁内，阁后是仰熙斋，东西有抄手游廊，是皇帝读书之所。乾隆时遍访藏书，辑为四库全书于大内文渊阁，复于圆明园建文源阁，热河文津阁，盛京文渊阁，各贮全书一部。又以江浙人文渊薮，缮写三份，在江浙分别建三阁而贮，但以文渊阁所藏为最精。

# 《大清会典》

清

版框24.3厘米×17.4厘米。

《大清会典》一百六十二卷。清伊桑阿等纂。清康熙二十九年（1690）内府刻本。《大清会典》（康熙朝）亦称《康熙会典》，是清入关后正式颁行的第一部会典。记事自清崇德元年（1636）至康熙二十五年（1686）。全书以职官为纲，分项列述，将事例记于各条之下。其所列纲目，除吏、户、礼、兵、刑、工六部外，还有宗人府、内阁、理藩院、都察院、通政使司、内务府等诸多宫内和中央的官署部门，分别记其职司、设置、品级、规章、掌故等。该书是了解清代行政组织、政治法规、典章制度的重要资料。因社会在不断变化，旧的规章不能适应变化的形势，以后清代各朝多有续修。

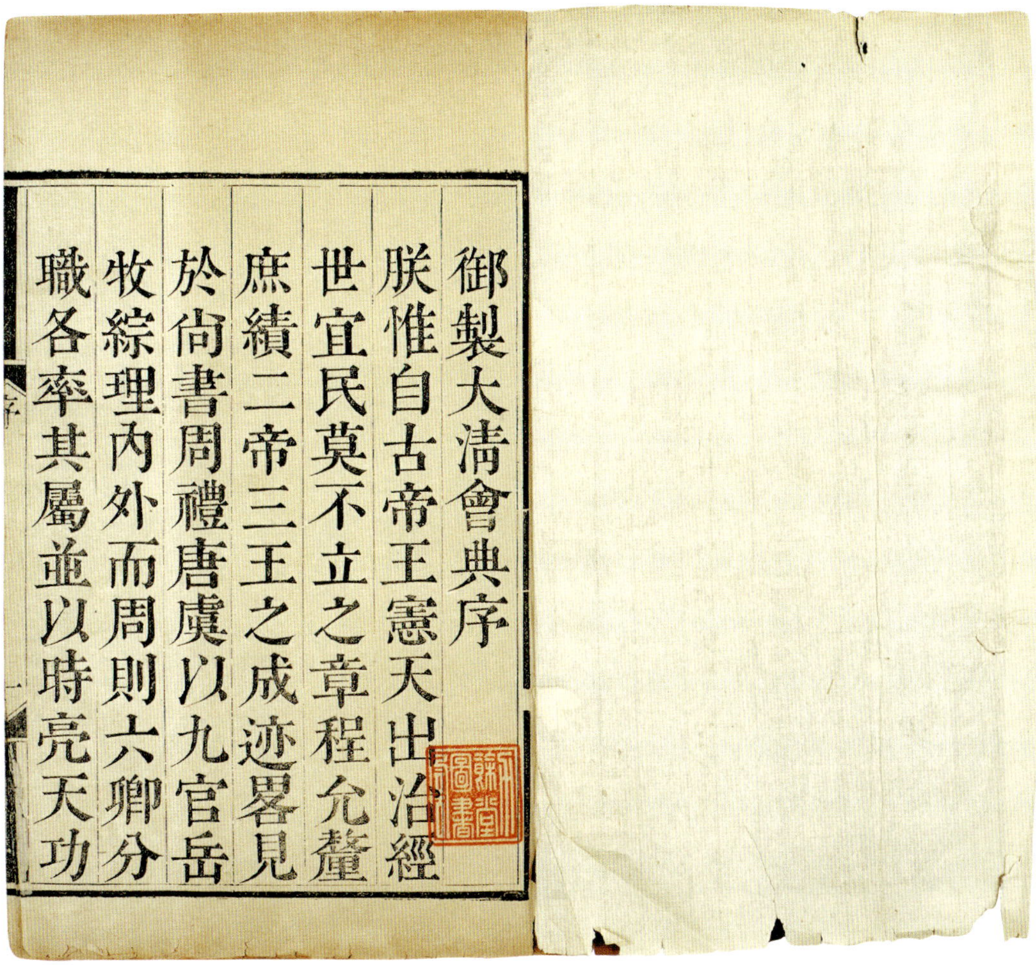
御製大清會典序
朕惟自古帝王憲天出治經
世宜民莫不立之章程允釐
庶績二帝三王之成迹畧見
於尚書周禮唐虞以九官岳
牧綜理內外而周則六卿分
職各率其屬並以時亮天功

# 《康熙字典》

清

版框 19.5 厘米 ×14.1 厘米。

《康熙字典》四十二卷。清张玉书等编。清康熙五十五年（1716）武英殿刻本。康熙皇帝认为，清初通行的明梅膺祚的《字汇》过于疏舛，张自烈的《正字通》过于芜杂，遂命大学士张玉书等人在此二书的基础上编纂一部大型字书。康熙五十五年（1716）全书修成。因系康熙帝钦定编纂，故称《康熙字典》。是书以子、丑、寅、卯等地支名分十二集，共收字四万七千零三十五字。该书是我国第一部以《字典》命名的工具书，也是集历代字书之大成的古代官修字典。

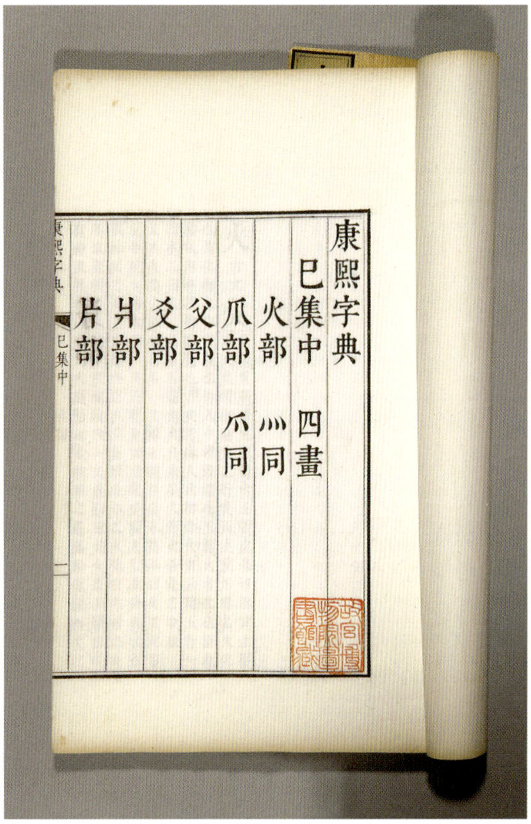

康熙字典

## 《明史》

清

版框 22.5 厘米 × 15.4 厘米。

《明史》三百三十二卷目录四卷。清张廷玉等撰。清乾隆四年（1739）武英殿刻本 。《明史》是《二十四史》中最后一部官修正史，记载了自洪武元年（1368）至崇祯十七年（1644）二百多年的历史。

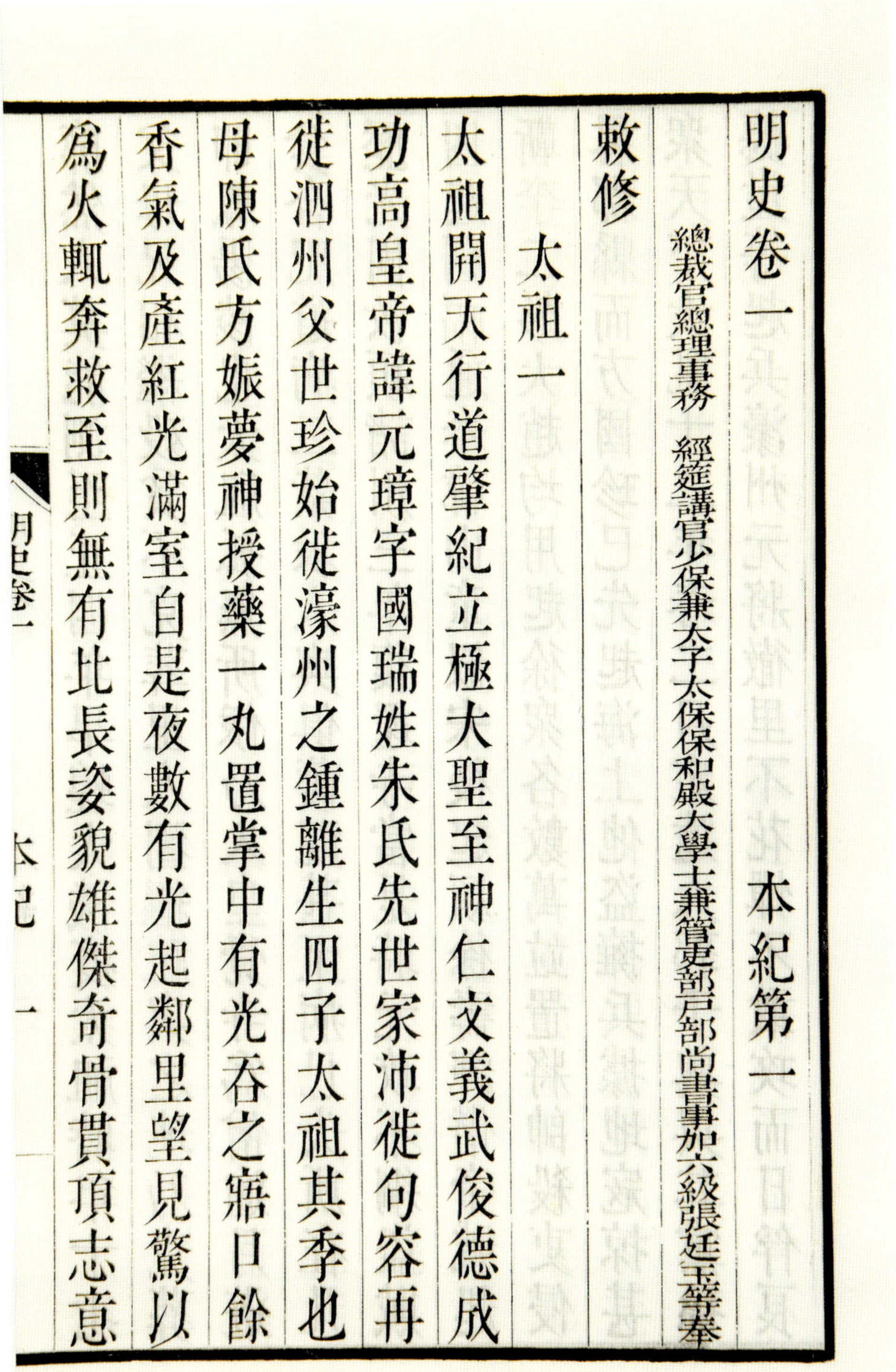

明史卷一　本紀第一

總裁官總理事務　經筵講官少保兼太子太保保和殿大學士兼管吏部戸部尚書事加六級張廷玉等奉

敕修

太祖一

太祖開天行道肇紀立極大聖至神仁文義武俊德成功高皇帝諱元璋字國瑞姓朱氏先世家沛徙句容再徙泗州父世珍始徙濠州之鍾離生四子太祖其季也母陳氏方娠夢神授藥一丸置掌中有光吞之寤口餘香氣及産紅光滿室自是夜數有光起鄰里望見驚以爲火輒奔救至則無有比長姿貌雄傑奇骨貫頂志意

明史卷一　本紀一　一

## 钦定图书集成

清

版框 21.3 厘米 × 14.9 厘米。

《钦定古今图书集成》一万卷，目录四十卷。清陈梦雷辑，蒋廷锡奉敕校勘重编。清雍正四年（1726）内府铜活字印本。此书为我国现存规模最大的一部以铜活字刷印的古代类书。全书分为六编三十二典六千一百零九部。六编为历象、方舆、明伦、博物、理学和经济。汇编之下设三十二典，每个典下又分部，每个部中又分汇考、总论、图表、列传、艺文、选句、纪事、杂录以及外编等九事，分别辑录各方面各层次的资料。所录多将原书整部完篇全段抄入，并注明出处。其内容丰富，资料翔实，图文兼备。全书共收版刻插图2000余幅，所附各图为木刻版画，造型生动具有很高的艺术价值。其铜活字镌刻工整，刷印清晰，刻印技术达到巅峰，在我国印刷史上占有重要地位。

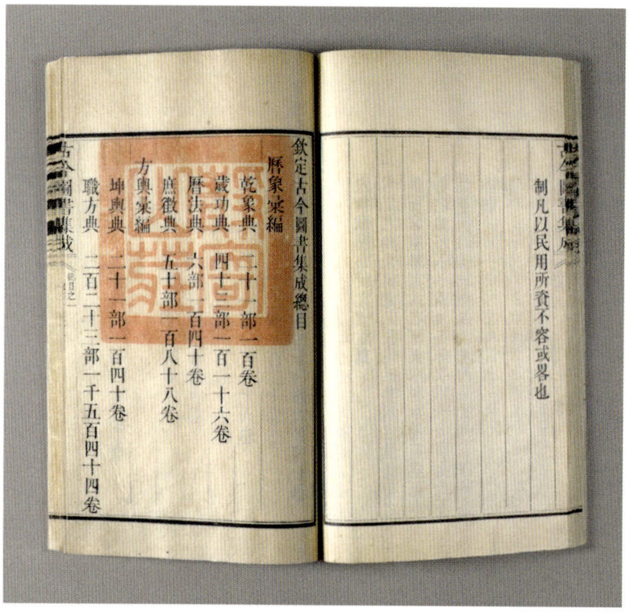

## 乾隆款八卦镜

清

直径 24.5 厘米，重 3650 克。

菱花形。圆柱形钮，莲花钮座，莲花上有铭文一周。铭文为『波清月晓，河澄雪皎』8字。钮周围饰『8』字形环绕铭文带。铭文为『延年益寿，代变时移，筌简等义，绘彩分词，篇章隐约，雅合雍熙，铅华著饰，尽瘁妍媸，旋躯合配，懿德章施，宣光炳耀，列象标奇，先人后己，阅礼崇诗，悬堂象设，启匣光驰，传芳远古，照引毫厘，坚惟莹澈，迹异磷缁，连星引月，藻振芳垂，妍齐锦绣，色配涟漪，虔思早暮，守谨闺闱，圆□配道，象冈齐仪，烟疑缀玉，影表方枝，捐瑕涤怪，释怨忘疲，连芳表质，日素疑姿，编辞衍义，质动形随，前瞻后戒，雪拂云披，联翩动鹊，暎掩辞螭，蝉轻约鬓，柳翠分眉，全斯节志，敬尔尊卑，鲜含翠羽，影透轻池，源分派引，地等天规』192字。『8』字环绕纹间饰八卦纹及『大清乾隆壬寅年制』8字。『8』字中有『清光耀日，菱芳照室』8字。

## 匏制八方笔筒

清

高 15.8 厘米，口径最大 11.5 厘米。

笔筒呈八方式，口沿内倾，髹金色漆。筒身每一面均于阳文重圈框内，饰竖排楷书文字，合缀为五言律诗一首：『山中有流水，借问不知名。映地为天色，飞空作雨声。转来深涧满，分出小池平。活澮无人见，年年长自清。』及小字『唐人咏』。

山中有流水

問不知名貌

唐人詩

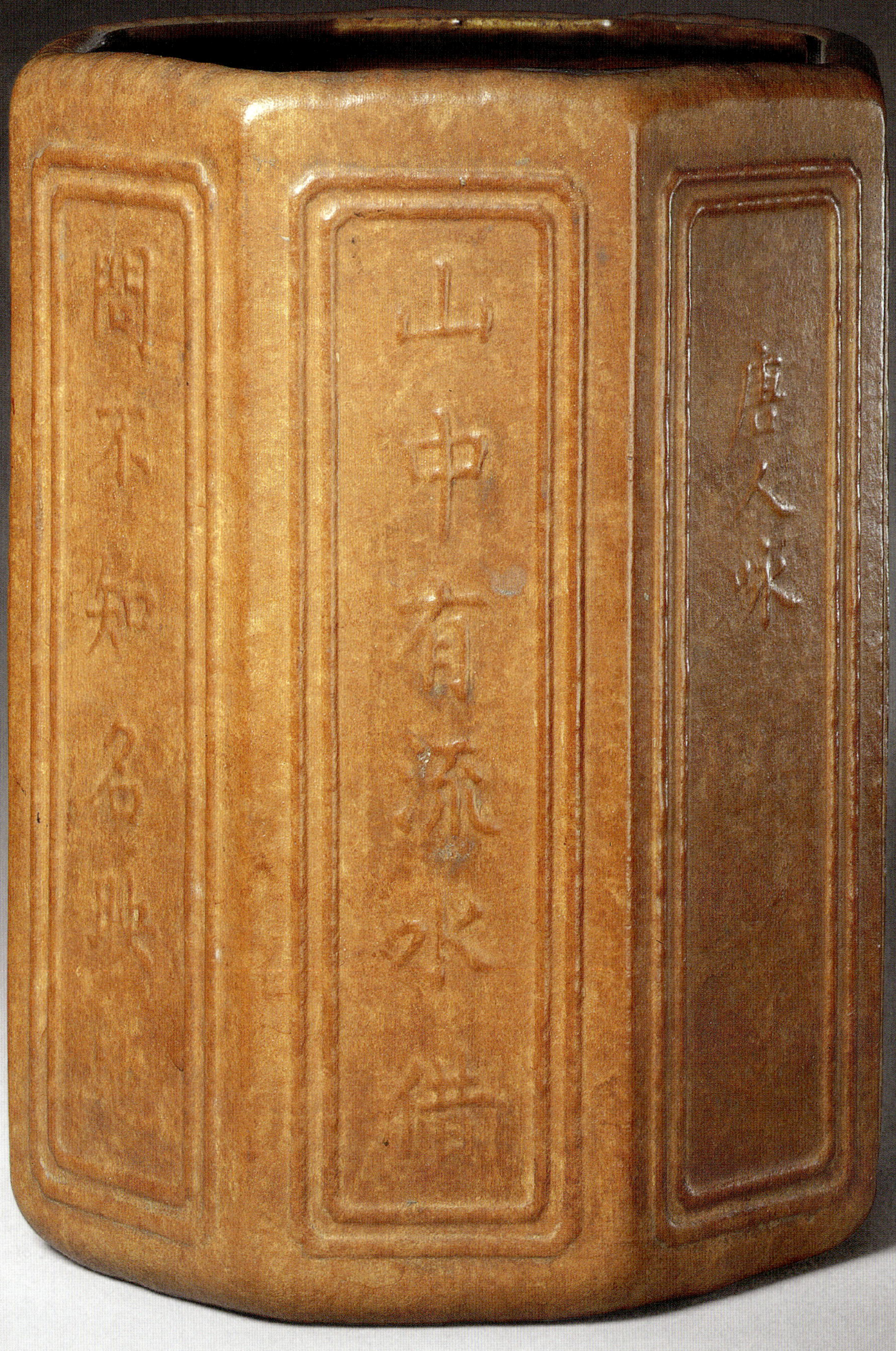

## 友石山房款四方委角诗句方盘

清

高 3.5 厘米，口径 30×30 厘米，足径 30×30 厘米。

四方委角，浅壁，平底，下承四条形足。浅黄色砂泥。盘心线刻的十字形纹与内壁四边形成河洛图形。盘心分左右两边刻整篇行书铭文，落款『杨彭年制』。盘外四壁各有凸雕紫褐色螭龙三条，凹进的四委角外侧各凸雕紫褐色螭龙一条。盘内行书阴文铭：『古者皇帝梦两龙授图，乃齐诣河洛求之，得龙马之图，遂命仓颉史造字。首有四目通于神明，仰云鸟之形，俯查昆虫之变，然古者无笔墨，以竹点漆书竹简而已。其后精华日启，玉匣珍藏，锦囊收贮，而古昔由来之意转默然相忘。余于研朱滴露之暇，有感于斯，乃置河洛之盘，置之座右，以志不忘本之意云。』署『道光甲午年孟秋甲子朔书于阳羡之友石山房，杨彭年制。』

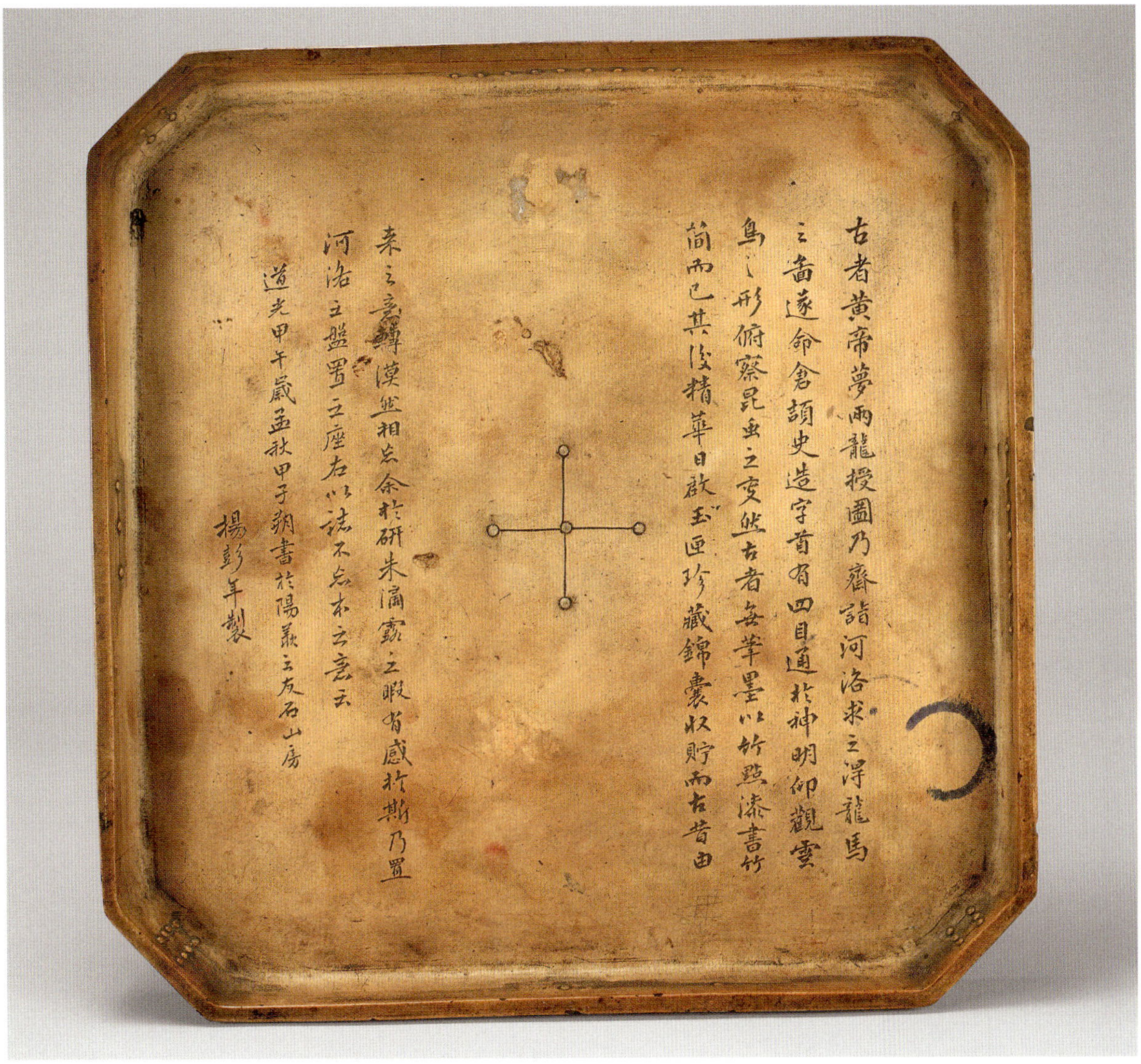
古者黃帝夢兩龍授圖乃齋詣河洛求之得龍馬
之畜遂命倉頡史造字首有四目通於神明仰觀雲
鳥之形俯察昆蟲之變然古者無筆墨以竹點漆書竹
簡而已其後精華日啟玉匣珍藏錦囊收貯而古昔由
來之意尊漢盤相合余於研朱滴露之暇有感於斯乃置
河洛之盤置之座右以誌不忘本之意云
道光甲午歲孟秋甲子朔書於陽羨之友石山房
楊彭年製

## 喜生贵子铭镜

清

直径41厘米，重6450克。

圆形。圆钮，钮下饰双弦纹、雁纹及云纹，其外饰四大方格，间饰四小方格，每方格内均饰一字，分别为『喜生贵子』、『福寿双全』。铭文周围饰人物、动物、花卉、云朵及八宝等纹饰。宽卷缘。

## 太室石阙铭拓片

清

清乾隆拓，线装剪裱本。其中，石阙铭文4.5开，清翁方纲重摹阙额1开，中岳庙前东石人冠顶「马」字拓本0.5开，共计6开，每半开纵29.5厘米，横12厘米。《太室石阙铭》，东汉安帝元初五年（118）刻。隶书27行，行9字，第3行10字。阙额篆书「中岳泰室阳城崇阙」九字。太室石阙位于河南嵩山太室山中岳庙前，为中岳庙的神道阙，分东、西两阙，铭文刻于西阙。此本前附页有清人黄易书：「太室石阙铭，乾隆甲寅三月精拓本」。钤「延熙经眼」、「毓华审定」、「方濬益印」、「岑仲陶家珍藏」、「小松所得金石」等印。太室石阙与少室石阙、开母庙石阙二阙均位于河南登封嵩山地区，合称「嵩山三阙」，是我国现存最古的庙阙。《太室石阙铭》字体宽和周正，隶法遒劲雄浑，又兼具篆书笔意，古朴渊雅。清人何绍基评价此阙：「瘦劲似吉金，东京碑中自有此一派，最为高古。」

# 宝亲王宝组玺

清

黄绫须弥式玺座，檀香木匣。总计十六件乾隆宝石闲章套印：『宝亲王宝长春居士』虎钮碧玉印、『乐扇堂』螭钮紫晶玺、『抑斋』龟钮玛瑙玺、『众花胜处松千尺』螭钮白玉玺、『随安室』螭钮玛瑙玺、『掬水月在手』螭钮白玉玺、『菑畲经训』螭钮玛瑙玺、『大块假我以文章』螭钮青金石玺、『追琢其章』螭钮白玉玺、『斋物』异兽钮玛瑙玺、『爱竹学心虚』螭钮碧玉玺、『如如』螭钮白玉玺、『半榻琴书』螭钮玛瑙玺、『千潭月印』兽钮青玉玺、『落花满地皆文章』螭钮白玉玺、『月明满地相思』螭钮白玉玺。雍正十一年（1733）二月封弘历宝亲王，印应在此后制造。乾隆即位后仍继续使用，说明乾隆皇帝对这套印的喜爱。

## 文竹雕春寿字四子盒

清

高11.2厘米，直径19.2厘米。

此盒天覆地式，造型方圆兼备，如玉琮式，寓意天圆地方。盒面图案以聚宝盆及『春』字为主题，四壁饰各体『寿』字及有祝寿含义的图纹。盒中藏四小盒，盖面分别贴饰『天』、『地』、『同』、『春』四字。这类形制装饰于明嘉靖雕漆上已出现，而以乾隆时期制作最多，各种材质均有。

春

# 斑竹管长锋净羊毫提笔

清

管长 17.6 厘米，管径 1.0 厘米。

斑竹笔管，浑然天成，同心圆形斑纹独特，颇为少见。笔端题刻『长锋净羊毫四提』，『李鼎和』，并填朱色。李鼎和为清晚期制笔名家。此笔牛角斗纳以羊毫，长锋瘦劲，适宜书写大字行书。为清代晚期流行提笔形式。

# 棕竹旋纹嵌玉鱼戏诗盒

清

高7.6厘米，最大口径22.2厘米。

以木为胎，八瓣委角葵花式。盖面用二十四块棕竹片及棕竹丝盘贴成螺旋浪花，正中嵌白玉雕花饰。盒内配檀香木雕莲花水浪纹屉板，其间五个凹池，池中各阴刻五言御制诗一首，分别以『鱼戏莲叶「间」』或『东』、『西』、『南』、『北』起首。原诗收入《高宗御制诗集》二集卷五十五乙亥年（乾隆二十年，1755）下，名为《拟江南曲縣名离合五首》。

此盒原为苏州织造陈辉祖于乾隆四十二年（1778）十月间进献，盒中有汉代玉鱼五件，乾隆看后十分满意，命造办处如意馆画工绘出图样制作『白檀香雕海水文屉』，『在屉上所剜出的凹槽内盛放玉鱼，玉鱼下留素板刻诗』，于乾隆四十四年二月初完工。

## 武英殿聚珍版程式

清

版框 19.1×12.9厘米。

《武英殿聚珍版程式》一卷。清金简撰。清乾隆四十一年（1776）武英殿聚珍版印本。《武英殿聚珍版程式》为《钦定武英殿聚珍版书》之一种。清乾隆三十八年（1773）修《四库全书》时，馆臣奉命辑《永乐大典》中之佚书，并将其中善本交武英殿刊印。因种类多，雕印耗费巨大，乾隆帝便采纳了管理刻书事务大臣金简的建议，以刻制枣木活字摆印书籍，并以『活字』不雅，特赐名『聚珍版』。此书把武英殿木活字制作、排印过程加以归纳、总结，形成一部木活字印刷技术专著。书中有工作场景图、工具图等，画面人物造型简洁、生动、流畅。全书图文并茂，便于操作者遵循，是中国印刷技术史上的重要文献。

# 王丽文五经笥集锦墨

清

长 11.8 厘米，宽 3.8 厘米，厚 1.0 厘米。

十锭墨，造型各异，分别为委角方形、长方形、椭圆形、柱形、竹根形、葵瓣形等。墨面图绘题名『菉竹』、『凤皇来仪』、『风雷火山泽天地水』、『韩起来聘』、『云行雨施品物流行』、『君子佩玉』、『竹筠松心』、『九鼎』、『我有嘉宾德音孔昭』等。另一面阳文楷书诗文。署『潄芳斋五径笥墨』或『丽文氏五径笥墨』等。此套墨共装一竹简式黑漆描金匣内，匣面描金隶书『漆书传竹简，孔壁久珍藏，谁换五经秘，开函挹古香。休邑潄芳斋五经笥墨』并『丽文氏』印。

王丽文，名士郁，为康熙年间制墨名家，安徽休宁派代表人物。墨肆潄芳斋。善制集锦墨。此套墨造型均小巧精致，装潢精美，为王丽文集锦墨佳品。

# 竹管万年枝紫豪提笔

清

通长23.5厘米，管径0.9厘米。

竹管修长，管壁清薄，笔端题名填兰楷书『万年枝』。为皇帝元日开笔书福用笔。此笔制作精致，纳以紫毫，呈兰花蕊式，并敷彩毫，黄、蓝、白色相间，有似自然天成。为清代御用笔特点。

## 竹雕留青诗文臂搁

清

长27.5厘米，宽6.1厘米。

长形，左右两边下曲呈覆瓦式，上面以留青法雕刻行书诗句，计『雨露及万物』五言律诗一首，『丽日催迟景』五言长诗一首，『碧水澄潭映远空』、『翠辇红旗出帝京』、『渭水自萦秦塞曲』七言律诗三首，各诗起首处都与上诗有一字大小间隔。于尺寸之地纳文字六列共二百六十八字。

百寶裝腰帶珊瑚繋馬鞭帝城猶自愛衡門不擬開和風

而草堂暗淡迎風颭旆娟晨光隔竹炫旌旆上苑離宮輦路峒花蕊欲迎遲薄雲催送時近

律候迎香葉雁依依淮邊轉盡雪中天驚霜御苑風清蜀城雲翠簟瑤琴生萬松曾聽秦帝望

和雨東徒春橋沙色自家遊士魯雄

於快樹泉邊以度橫劍漢家詩草逐遊絕東丘下畔事渭北自崇秦宮峩峩崙山舊徳潯餅錯名

田吳山莫共雲爭秀當城漢鳳影而中麦樹美人家為咱陽萬川時令示忘宸遊記物華

## 钦定《篆文六经四书》

清

版框 22.5×15 厘米。

《钦定篆文六经四书》六十三卷。清李光地等辑。清康熙年内府刻本。书无序跋。卷前有职名，李光地等九人。卷末有『翰林书院检讨加一级臣张照、编修加一级臣薄海奉旨恭校刊』等。明代嘉靖时，陈凤梧曾刻印了《篆文六经》。清康熙末年，圣祖玄烨命李光地、王掞、张廷玉、蒋廷锡等儒臣用篆文刻印出版儒家经典，字体是小篆。除《六经》（《周易》、《尚书》、《毛诗》、《周礼》、《仪礼》、《春秋》）外，又增加了《四书》（《大学》、《中庸》、《论语》、《孟子》）。

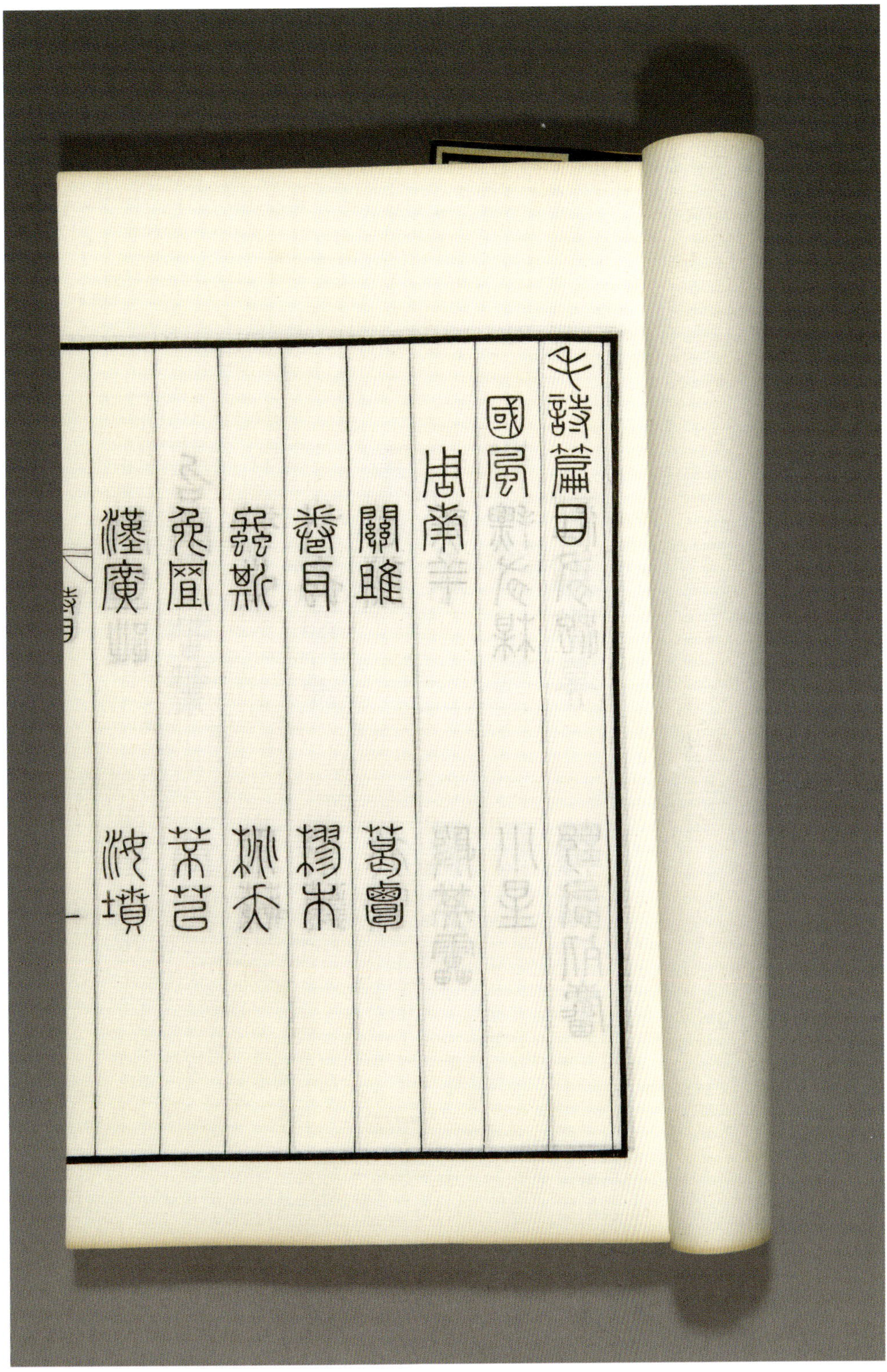
毛詩篇目
國風
周南
關雎 葛覃
卷耳 樛木
螽斯 桃夭
兔罝 芣苢
漢廣 汝墳

## 青玉御制诗填金水仙花图方盒

清

高2.7厘米，边长5.1厘米。

青玉。委角四方盒，底略向内凹。器外侧一面阴刻填金兰花、水仙图案；另一面阴刻填金御制诗：『琢玉相金态，出尘绝代仙。王孙如解佩，合是洛川边。』从造型上看，应该是用来储存印泥的小盒。

# 《阅微草堂笔记》

清

版框 16.9×11.7厘米。

《阅微草堂笔记》二十四卷，清纪昀撰，清嘉庆五年(1800)刻本。本书依次为序、目录和正文。序由纪昀门人盛时彦作。各卷设分题：卷一至卷六《滦阳消夏录》，卷七至卷十《如是我闻》，卷十一至卷十四《槐西杂志》四卷，卷十五至卷十八《姑妄听之》，卷十九至卷二十四《滦阳续录》。《阅微草堂笔记》是纪昀晚年撰写的笔记小说集，自乾隆五十四年至嘉庆三年陆续写成。本书主要记述当时流传的各种狐鬼神仙、因果报应、劝善惩恶等之流传的乡野怪谭，或则亲身所听闻的奇情轶事，范围则遍及全中国远至乌鲁木齐、伊宁，南至滇黔等地。《阅微草堂笔记》是清代文言小说中的重要作品，其历史地位及对清代小说发展的影响，仅次于蒲松龄的《聊斋志异》。

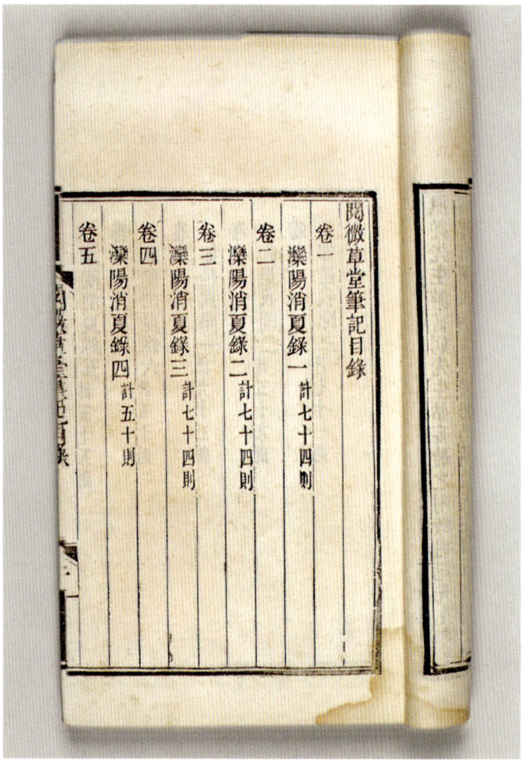

閲微草堂筆記目錄
卷一
灤陽消夏錄一 計七十四則
卷二
灤陽消夏錄二 計七十四則
卷三
灤陽消夏錄三 計七十四則
卷四
灤陽消夏錄四 計五十則
卷五

## 杨彭年款描金山水诗句壶

清

高 9.0 厘米，口径 7.3 厘米，足径 9.9 厘米。

壶身敞口，短颈，溜肩，圆腹，平底，圈足；壶盖平，饰高钮。肩腹相接处一侧饰短流，另一侧饰曲柄。壶由紫红色砂泥制成，质感细腻温润。壶外壁描金装饰，一面绘山水楼阁，另一面写行书『平台留小啜，饮味待回春』，落款『乙未冬日，松岑先生大人清玩，介峰』。底刻篆书『杨彭年制』四字印章款。此壶为活跃于清代乾隆、嘉庆、道光时期的宜兴紫砂一代名师杨彭年（1772—1854）所制，其制壶追求文化内涵，多与文人合作题诗作画。

小啜
餘味待
回春
乙未冬
日
松岑先生大人
清玩
介峰

## 杨彭年款飞鸿延年壶

清

高11厘米，口径8.5厘米，足径12.3厘米。

壶广口，溜肩，阔腹，平底，浅圈足。壶盖微鼓，饰圆钮。壶由紫红色砂泥制成，壶腹正面刻隶书『延年壶』，背面刻行书『鸿渐于膳，饮食衎衎，是为桑苎翁之器，垂名不利』19字，文后署『曼生为止侯铭』。盖内刻阳文篆书『彭年』款，壶底刻阳文篆书『飞鸿延年』款。陈曼生（1768—1822），名鸿寿，字子恭，浙江杭州人，曾任溧阳知县。他以自身深厚的文学艺术底蕴与当时的紫砂大师合作制壶，将书法绘画艺术引入紫砂壶的装饰中，使紫砂装饰更具文人气质。他与杨彭年合作创制的壶式称曼生『十八式』，此壶即为其一，全称曰『飞鸿延年壶』。

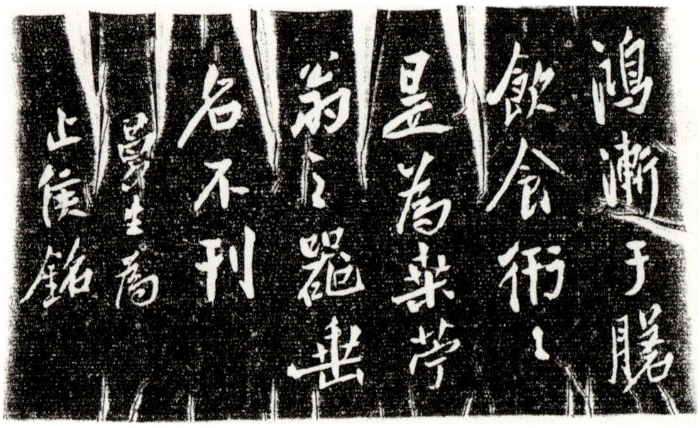


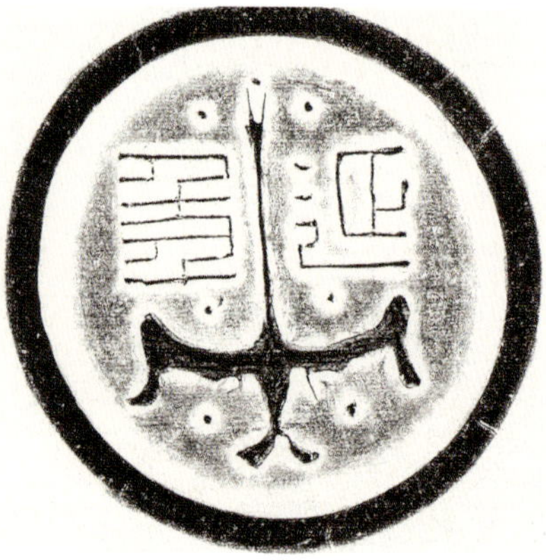

## 竹雕孟姜匜臂搁（新 72898）

清

长 25.9 厘米，宽 9.8 厘米。

长方形，覆瓦式，较为宽大厚重，四角有四矮足。臂搁正面于椭圆形空间内，去地浮雕金文三十四字为饰。背面阴刻行书铭文二段，其一为：『摹薛尚功谱，周「孟姜匜」铭三十四字，惟首一字不可识。文云：「□叔作朕子孟姜盥匜其眉寿万年永保其身沲沲越越男女无谋子子孙孙永保用之。」按是器「匜」字从「皿」，与「杞公匜」相类，谅是同时之物，字画古奥，词义清雅，良可贵也。嘉庆丙寅秋日曼生陈洪寿镌。』及『曼生』小印。又『金石竹刻，古之君子诵读之暇，聊以消遣，余读书未违，酷好铁笔，是铭曾三镌矣，惟此完善，博古者定不以余言为河汉也。翌日曼生再记。』及『曼生』印。此器金文摹自宋代薛尚功编撰《历代钟鼎彝器款识法帖》卷十一，其后考释缀语也本诸是书。孟姜匜今已佚。据《殷周金文集成释文》，释文与薛氏有出入：『庆叔作媵子孟姜盥匜其眉寿万年永保其身沱沱熙熙男女无期子子孙孙永保用之。』

# 石鼓文清拓本

清

拓本23开，墨纸尺寸纵46厘米，横32.8厘米。

锦面，蓝纸套函，推篷式装裱。石鼓文又称『猎碣』，是中国现存最早的文字刻石，因由十块坚硬的花岗岩凿刻成鼓形而得名。在这些鼓状的石头上镌刻着篆书文字，人称《石鼓文》。石鼓每石各刻四言诗一首，名称取诗篇的前两字，即《吾车》、《汧殹》、《田车》、《銮车》、《霝雨》、《作原》、《而师》、《马薦》、《吾水》、《吴人》。诗的内容记叙君王臣工们的征旅游猎，反映了当时社会的政治、经济、文化状况。近代研究，石鼓为秦刻石已有据成论，但仍有春秋与战国之分，其中定为战国时期秦国之作的观点现在基本为大多数学者所接受。石现藏于故宫博物院。是本拓制精良，字口清晰。前附页黏附杨继振校文及跋语。帖内有蔡右年（千禾）考识小字数段，帖后有其清光绪十七年（1891）请『叔平夫子大人诲正』之跋文，拓本第二鼓『氐鲜』字已剥落，为光绪十一年后洗石拓本。

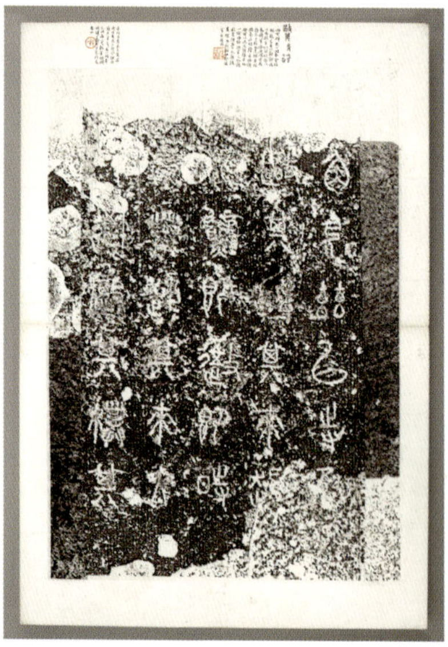

## 膳单

清

开本 30 ×23.6 厘米。

《膳房办买肉斤鸡鸭清册》1册。清内府编辑缮写。清光绪三十四年（1908）内府写本。清代宫廷，皇帝、皇太后、皇后和妃嫔每日饮食使用的原材料种类金额等都有严格的规定。是书为御膳房档案,依序记载光绪三十四年十月初一日至三十内廷膳房办买肉、鸡、鸭供应宫内各处情况，每日加工肉菜名称重量供应各处情况。如皇上前分例菜肉二十二斤，计三十日分例共六百六十斤。其中汤肉五斤，共一百五十斤，猪油一斤，共三十斤，肥鸡二只，共六十只，肥鸭三只，共九十只，菜鸡三只，共九十只。其他人分例盘肉情况，如每月皇太后共一千一百斤，皇后共七百八十六斤，瑾妃共一百六十八斤，祺贵妃共一百七十八斤等。总之，膳房十月份通共合计用银一万四千六百九十四两六钱。书末有总理茶膳房事务大臣及二品顶戴头等侍卫尚膳等官员签名。全书记载详细，项目繁多，字里行间也透漏出宫廷豪华奢靡的膳食状况。为研究清末宫廷膳食供应及财经支出的原始资料，稀有珍贵。

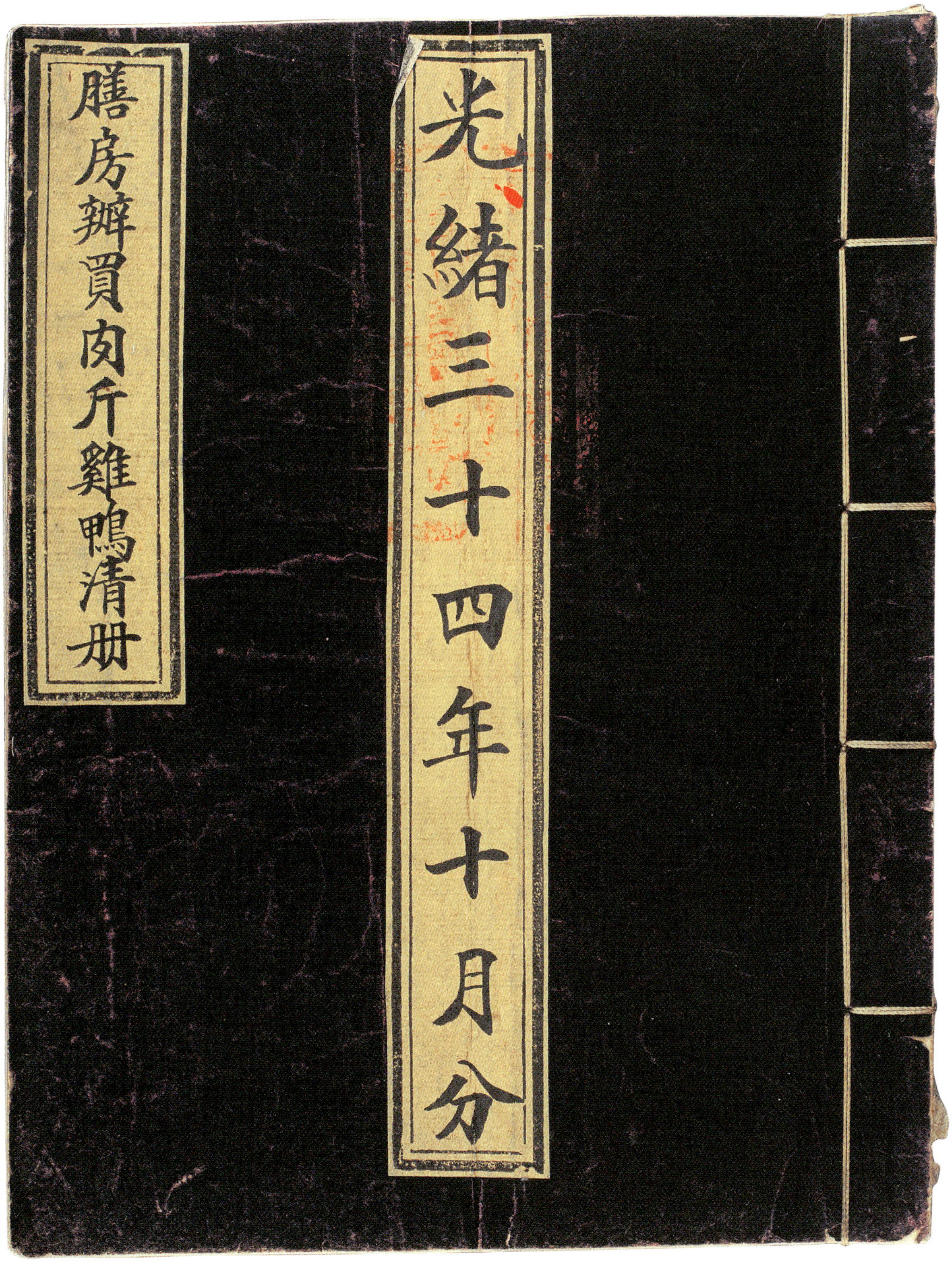
光緒三十四年十月分
膳房辦買肉斤雞鴨清册

## 『此中有真意』青田石章

清

杨澥款青田石章。印面边长2.8×2.8厘米，通高9.4厘米。

印文白文，篆书体，右上起顺读。印款楷书体刻『此中有真意，陶靖节句也。意者含蓄于心，未发于外；趣则表着于外，似仍用意字为妥。质之荫轩仁兄以为然否。龙石。』。杨澥（1781—1850），原名海，字竹唐，号龙石，江苏吴江人。刻印以秦汉印为宗，反对妩媚之习气，精金石考据，亦精刻竹。

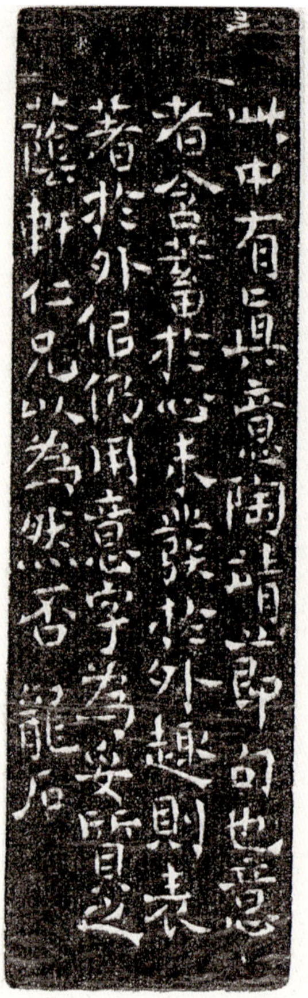

此中有真意陶靖節句也意
者含蓄於心未發於外趣則表
著於外偶仍用意字為妥質之
蔭軒仁兄以為然否 龍石

# 『陈朽』寿山石章

清

**陈衡恪款寿山石章。印面边长 1.7 × 1.7 厘米，通高 5.4 厘米。**

印文白文，篆书体，右起横读。印款楷书体刻『己未上巳，师曾奏刀，是日在流水音修禊集者数十人』。陈衡恪（1876—1923），字师曾，号朽道人，颜其室曰槐堂、唐石簃、染苍室等。江西义宁（今江西修水）人。曾赴日本习博物，善绘画，兼工篆刻，治印古拙纯朴。性情纯笃，喜嘉助后进。有《槐堂诗钞》、《不朽录》、《槐堂摹印浅说》等。后人辑其刻印成《陈姚印存》、《染苍室印存》等。

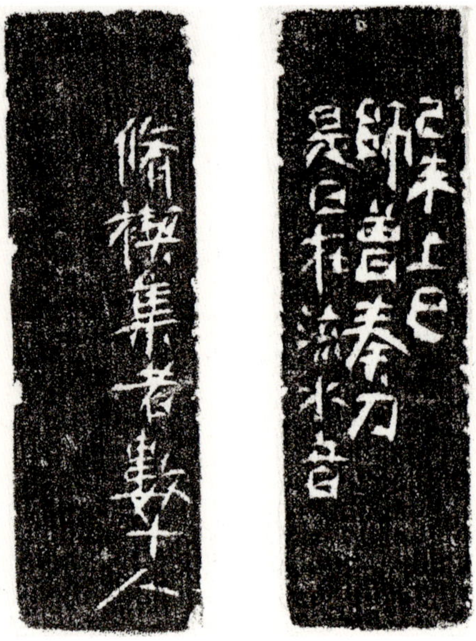

乙未上巳
徧誦奉刀
吳日在流水音

脩稧羣賢畢集

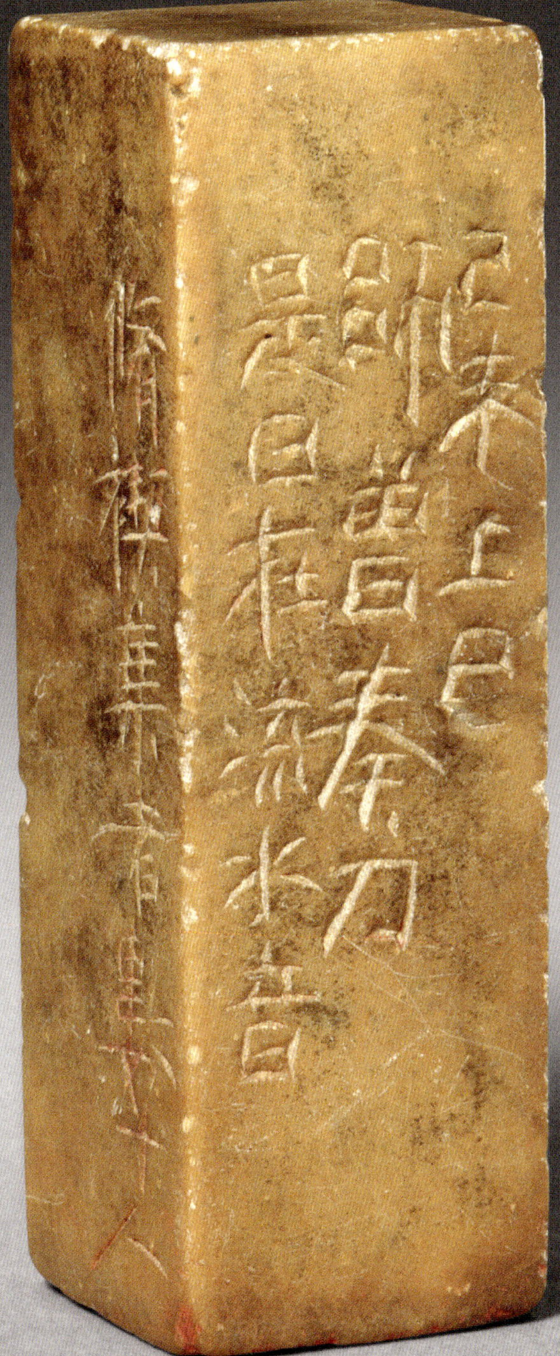

## 『秦瓦砚斋』寿山石章

近代

丁世峄款寿山石章。印面边长 2.7×2.7 厘米，通高 7.6 厘米。

印文朱文，篆书体，右上起顺读。印款楷书体刻『煦农七弟，佛言刻』。丁世峄（1878—1930）字佛言，一字松游。山东黄县人。就学于日本政法大学。曾任民国大学教授，民国十年（1921）入『水社』为社友。喜好研究古器，精鉴别，善写篆籀，工刻印。篆刻师法秦汉，风格苍劲浑朴，颇得古意，篆书推为海内巨擘。编撰《说文古籀补补》四册。

## 『杉屋』昌化石章

近代

丁敬款昌化石章。印面边长2.0×2.0厘米，通高6.5厘米。

印文朱文，篆书体，右起横读。印款楷书体刻『杉说文作樧，尔雅作煔。故徐熙省以为俗字。徐公瑾守说文故是，然樧谐声，杉则象形又谐声者。象形最古，篆尤宜。徐目为俗字，殆未深玩字形之失尔。郑夹漈尔雅中用杉字，所见卓矣，盖郑夹漈深于六书者也。杜诗亦用杉字，敬叟志。余作此朱白两印颇得意，而惜是易刻之石甚矣，昌化石之惑人已』。

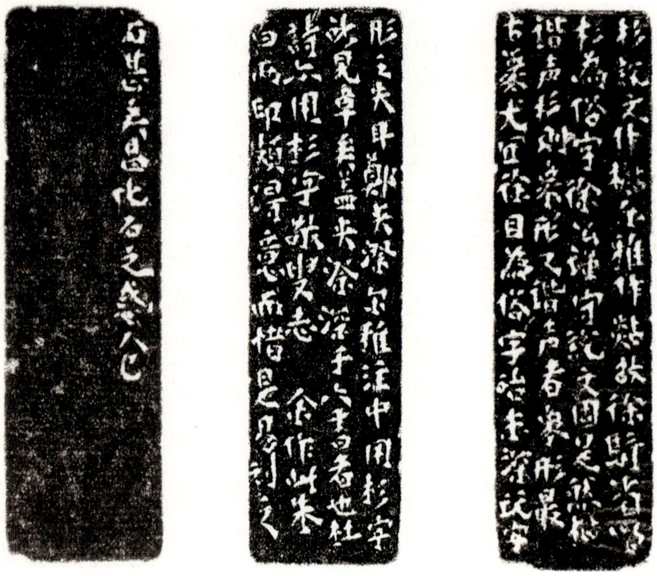

說文作楸爾雅作㔉疏徐野若
㔉為俗字徐鉉注謂文固是然㔉
聲亦杉則象形又諧聲者象形最
諧聲則象形又諧聲者象形最
香案大凡徐目為俗字始茶㔉字

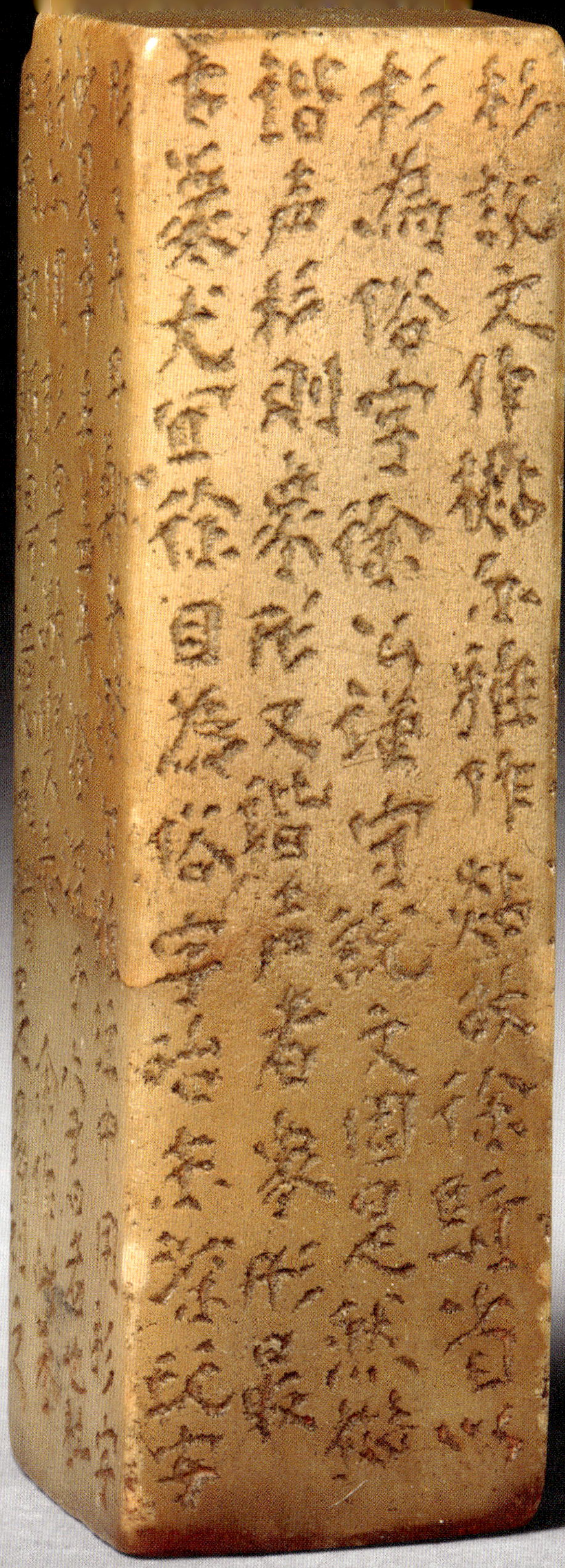

## 『张伯英印』青田石章

近代

齐璜款青田石章。印面边长 2.4×2.4 厘米，通高 5.2 厘米。

印文白文，篆书体，回文式排列，右上起逆读。印款楷书体刻『勺圃道兄法论，己卯弟齐璜』。

夕園道兄法論
己卯弟齊璜

## 首届两岸汉字艺术节

**学术顾问**（按姓氏笔画排列）

王　宁　冯其庸　许嘉璐　李宇明　李学勤

沈　鹏　范　曾　赵平安　饶宗颐　裘锡圭

**艺术总监**

田　青

图书在版编目（CIP）数据
追忆·汉字：典藏文明之光／中国艺术研究院编.--
北京：文化艺术出版社，2010.8
ISBN 978-7-5039-4706-3
Ⅰ.①追… Ⅱ.①唐… Ⅲ.①汉字—研究②文物—中国—图集Ⅳ.①H12②K870.2
中国版本图书馆CIP数据核字（2010）第172996号

**追忆·汉字：典藏文明之光**

中国艺术研究院 编

项目艺术总监：徐累／唐克扬
故宫专家顾问：傅红展／方斌
撰稿：唐克扬
责任编辑：李世跃／贺星
特约编辑：邱慧君／康晰／肖宝珍
装帧设计：王忠海
出版发行：文化艺术出版社
地址：北京市东城区东四八条52号 100700
网址：www.whyscbs.com
电子邮箱：whysbooks@263.net
电话：（010）64813345／64813346（总编室）
（010）64813384／64813385（发行部）
经销：新华书店
印刷：北京雅昌彩色印刷有限公司
版次：2010年9月第1版
2010年9月第1次印刷
开本：889×1194毫米 1/16
印张：14.25
书号：ISBN 978-7-5039-4706-3
定价：89.00元

---